© De la edición española:

Editorial ELA

www.libreriaargentina.com

Título original: "The Meeting of East And West. The Foundations Of Indian Philosophy"

MAQUETACIÓN: Equipo ELA

TRADUCCIÓN: Editorial ELA

DISEÑO DE PORTADA: Equipo ELA

ISBN: 978-84-9950-255-7

DEPÓSITO LEGAL: M-20073-2024

Impreso en España

EL ENCUENTRO DE ORIENTE Y OCCIDENTE

Los fundamentos de la filosofía india

HEINRICH ZIMMER

Editorial ELA

www.libreriaargentina.com

Índice

Prólogo editorial

Existe una gran diferencia, en la forma que tenemos de plantearnos la experiencia religiosa, entre Oriente y Occidente, pero ahora, en Occidente, estamos llegando a la misma situación que llegaron los pensadores de la India, miles de años antes de Cristo y es esta una de las razones, por las que nos atrae tanto Oriente a los occidentales del siglo XXI.

En esta obra, su autor, un europeo estudioso de Oriente y de India, sostiene que debemos crear nuestro propio concepto de experiencia religiosa, bebiendo en Oriente, pero logrando una forma propia a Occidente y a su idiosincrasia. Porque, mientras que el objetivo principal del pensamiento hindú, es revelar e integrar la *conciencia* y durante milenios, ha buscado conocer a este *Ser inflexible* (*Atman*)[1], haciendo que ese conocimiento sea efectivo en la vida humana; los filósofos de Occidente, han buscado más bien obtener una información y no una transformación, como se busca en Oriente, con un cambio radical de la naturaleza del hombre y de su propia existencia y una renovación de su comprensión tanto del mundo exterior como del mundo interior; lo cual conduce a una transformación completa del individuo.

Desde este punto de vista, la filosofías orientales y de la India, se parecen más a la religión como la conceptuamos en Occidente, que el pensamiento crítico y secularizado de los filósofos de Occidente. Aunque también es cierto, que algunas figuras como *Pitágoras, Empédocles, Platón*, los *estoicos, Epicuro, Plotino* y los pensadores *neoplatónicos* y posteriormente *San Agustín,* los *místicos medievales* como *Eckhart* y los *místicos* posterio-

---

1. Atman: el Alma Suprema o Brahman, o Consciencia pura, el Ser. Es el principio universal, una conciencia auto-luminosa eterna e indiferenciada. En la filosofía hindú, especialmente en la escuela Vedanta del hinduismo, *mantman* es el primer principio, el verdadero yo de un individuo más allá de la identificación con los fenómenos, la esencia de un individuo. Para alcanzar *Moksha* (la liberación), un ser humano debe adquirir el auto-conocimiento (*atma jnana*). En las diferentes escuelas de pensamiento, la auto-realización consiste en que el verdadero yo (*Jivatma*) y la realidad última (*Brahman*) son completamente idénticos (Escuela Advaita, No dualista), completamente diferentes (Dvaita, o dualistas), o simultáneamente no diferentes y diferentes (Bhedabheda, No dualista y dualista).

res como *Jakob Bohme* y los filósofos más contemporáneos como *Schopenhauer,* han seguido la tendencia oriental, más que la occidental, buscando una especie de *transmutación alquímica del alma.*

Para las filosofías orientales, los sentidos; buscando, aprehendiendo y reaccionando ante los objetos, no entran en contacto con la esfera de la *Realidad permanente*, sino sólo con las *evoluciones transitorias* de las transformaciones perecederas de su *energía*. Y según este pensamiento, el conocimiento de las cosas cambiantes, no conduce a una actitud realista, porque tales cosas, carecen de sustancia y perecen. Siendo el desconocimiento de la verdad oculta del *Sí mismo*, la causa principal de todos los tormentos de este mundo auto-intoxicado.

Zimmer, nos recuerda a *Nietzsche,* cuando dice que el hombre occidental se comporta como los demás y que sus profesiones de fe, no tienen ninguna influencia en su conducta pública ni en su esperanza, que los sacramentos ya no obran en él ninguna transformación espiritual y que no sabe dónde acudir, puesto que nuestras seculares filosofías académicas occidentales, se siguen preocupando más por la información, que por esa transformación redentora que necesitan nuestras almas. Por este importante motivo, una mirada a la India, puede ayudarnos a descubrir y recuperar algo de nosotros mismos.

A pesar de la importancia de este punto de vista, muchos filósofos, incluso del siglo anterior, se han resistido a conferir al pensamiento hindú el título de "filosofía", porque afirmaban, que la "filosofía" había surgido entre los griegos y que sólo la civilización occidental la podía representar. La filosofía occidental se convirtió así en el ángel guardián del pensamiento correcto, aunque el final de esta tendencia, fuese siempre y aún lo sigue siendo, la destrucción de todos los valores tradicionales en la sociedad, la religión y la filosofía. Por el contrario, la filosofía india, apoyada y renovada, por las experiencias internas de la práctica del yoga, en lugar de destruir, interpreta la creencia heredada y a su vez, es interpretada y corregida por la religión. En la India, filosofía y religión, difieren en ciertos puntos; pero nunca ha habido un ataque total y de destrucción entre ambas.

Por este motivo, *Zimmer*, sostiene que existe y ha existido en la India, una verdadera filosofía, pero que surge de una situación y de un patrón de cultura orientales, que apunta a fines que son comparativamente desconocidos para las escuelas académicas modernas y que se vale de métodos extraños para Occidente, siendo sus fines o metas, precisamente los mismos que inspiraron *a Pitágoras, a Empédocles, a Platón, a los estoicos, a Epicuro, a Plotino, a Empédocles, a Heráclito, a los pensadores neoplatóni-*

cos, a San Agustín, a los místicos, etc. Para la India, "el que conoce (*vid*) el objeto supremo (*paramartha*)", es la denominación sánscrita que el diccionario traduce aproximadamente como "filósofo": aquél que trata de comprender la vida y el cosmos como un todo, por medio de la especulación general y la filosofía. Y en la India, la filosofía está tan vinculada con la religión, los sacramentos, las iniciaciones y las formas devocionales, como nuestra moderna filosofía occidental se vincula con las ciencias naturales y con sus métodos de investigación.

En la filosofía india, el estudiante debe ser competente (*adhikarin*) y mantener una absoluta fe (*sraddha*) en que descubrirá la verdad. El filósofo oriental en general y el hindú en particular, lo que busca es ir más allá del carácter ilusorio de la existencia, tanto en las esferas del plano físico, como en las esferas las de los planos post-mortem, buscando la persona espiritual que mora omnipresente dentro de sí mismo y de todas las cosas, el Ser (*Atman*). Y para terminar con esta ilusión, utiliza:

1. La discriminación entre lo permanente y lo transitorio.

2. La renuncia.

3. La concentración, a través de:

Sama, la "quietud mental, la pacificación de las pasiones".

Dama, "la subyugación de los sentidos".

Uparali, el "cese completo" de la actividad de las facultades sensoriales de percibir y actuar.

Titiksa, "la resistencia, la paciencia".

Samadhana, la "constante concentración de la mente" y la "fe perfecta".

4. El anhelo de liberación (*mumuksutva*),

De esta forma, vemos que en Oriente, la filosofía es un aprendizaje especializado y dirigido al logro de un estado superior del ser, donde el filósofo transforma su naturaleza, al ser penetrado por el *poder de la Verdad*. Por este motivo, en la India, el filósofo, también es llamado "*yogui*", porque el término yogui viene de la raíz "*Yug*", que significa unir y en este caso indica la unión con Dios y el yogui, aspira a ser el amo de su propia mente y de su cuerpo, de sus pasiones, de sus reacciones y de sus meditaciones, trascendiendo las ilusiones de los deseos y de todos los demás tipos de pensamientos humanos normales y estando más allá del destino.

Esta es la razón por la que la filosofía en Oriente, es guardada celosamente y comunicada a los elegidos que tienen la capacidad de convertirse en su receptáculo perfecto; porque lleva consigo un poder que la acerca a la magia, ya que con ella suceden cosas que parecen un milagro para quien las desconoce. Y cuanto mayor sea la realización del filósofo, mayor será su poder. Porque *Brahman¹*, el poder cósmico, en el sentido supremo del término, es la esencia de todo lo que somos y sabemos y está dedicado a hacer consciente en sí mismo y conscientemente manifiesto en acción, lo que en todo lo demás está profundamente oculto.

Para la filosofía de la India, todos llevamos dentro la *fuerza suprema,* la plenitud de la sabiduría, pero ésta está profundamente oculta, en la bóveda más oscura, más profunda de nuestro ser y todos los ejercicios espirituales indios, están dedicados a este objetivo práctico, por lo cual, su filosofía, no consiste en una mera contemplación o discusión fantasiosa de algunas ideas elevadas y profundas, sino que se basa en ejercicios prácticos y realistas, en sistemas mentales de pensamiento y de actividades, para la mente humana.

Para llegar a *Brahman* y permanecer en contacto con él, para llegar a identificarse con *Brahman*, para volver a ser divino, mientras aún se está en la tierra, el filósofo hindú, se ha transformado, ha renacido en su paso por la tierra. Aunque éste, no es un objetivo exclusivamente indio; porque en todo el mundo, muchas filosofías de Oriente y algunas de Occidente, también lo buscan y en este sentido, la filosofía india, no contradice, más bien aclara y corrobora los símbolos mitológicos de todos los tiempos y civilizaciones. Es una disciplina mental y física práctica para la realización en la vida a través de un despertar y un desarrollo de la mente.

Tras esta pequeña introducción al pensamiento hindú y a sus cualidades, posibilidades y características, les dejamos en las manos de un auténtico experto en la materia y les deseamos que se alegren con el conocimiento adquirido y lo disfruten.

---

1. Brahman: el Espíritu Supremo, La Realidad Absoluta que es una, indivisible, infinita y eterna, el Ser Supremo, la causa del universo, el espíritu universal. El Todo. La verdad proclamada en los Upanishads: Existencia, Sabiduría, Dicha Absoluta y Consciencia Pura. Es el Principio Universal más elevado, la Realidad Última en el universo. No debe confundirse con *Brahma* (el dios hindú), *Brahmana* (un tipo de texto de los Vedas), el *Brahmanismo* (la religión) o *Brahmin* (la casta-varna). En las principales escuelas de filosofía hindú, es la causa material, eficiente, formal y final de todo lo que existe. Es la verdad y la felicidad omnipresente, infinita y eterna que no cambia, pero es la causa de todos los cambios. Brahman como concepto metafísico es la única unidad vinculante detrás de la diversidad en todo lo que existe en el universo. Se habla de Brahman en los textos hindúes junto al concepto de *Atman* (Ser) personal, impersonal o *Para Brahman*, o en varias combinaciones de estas cualidades dependiendo de cada escuela filosófica. En las *escuelas dualistas* del hinduismo, *Brahman* es diferente de *Atman* (alma) en cada ser. En las escuelas *no dualistas*, como el Advaita Vedanta, *Brahman* es idéntico a *Atman,* está en todas partes y dentro de cada ser vivo y hay una unidad espiritual conectada en toda la existencia.

Sobre el autor

Heinrich Robert Zimmer, fue un importante orientalista, especializado en el pensamiento de la India, además de un historiador del arte de todo el sur de Asia. Nació en Greifswald, Alemania, donde su padre, *Heinrich Friedrich Zimmer,* era profesor de *indología* y lingüística comparada y estudió *sánscrito* y lingüística en la *Universidad de Berlín*, donde se graduó. Primero estudió literatura hebrea, filología alemana e historia del arte en Berlín, pero posteriormente, se dedicó exclusivamente a la *indología* y el estudio de la filosofía y del *yoga*. Obtuvo su doctorado con la tesis *"Estudios sobre la historia de los Gotras"* y trabajó como profesor en la Universidad de Greifswald, donde ganó su puesto con una tesis sobre un texto budista encontrado en Asia Central. Después, se trasladó a la Universidad de Heidelberg para ocupar la Cátedra de Filología India.

Durante la segunda guerra mundial, abandonó Alemania por la persecución de los nazis, ya que su mujer era judía y emigró a Inglaterra, donde fue profesor en el Balliol College, Oxford. Posteriormente viaja a los EEUU y da conferencias en la Universidad Johns Hopkins en Baltimore, antes de convertirse en profesor invitado en la Universidad de Columbia, Nueva York, donde aceptó un puesto como profesor visitante en Filosofía. Durante este período, uno de sus alumnos fue *Joseph Campbell*, quien se encargó de recopilar algunas de sus obras.

El psiquiatra *Carl Jung*[1] desarrolló una larga relación de amistad con *Zimmer*, ya que ambos se conocieron, tras la publicación de la primera obra de *Zimmer*: "Arte y Yoga", que fue el primer estudio occidental sobre los mandalas, por el cual *C. G. Jung* quedó tan impresionado que quiso conocer personalmente a su autor y desde entonces *Zimmer*, junto con *Richard Wilhelm*[2], se convirtieron en unos de los pocos amigos de *Jung*.

Para interpretar el arte hindú, su método consistía en examinar las imágenes religiosas utilizando su significado sagrado como clave para la transformación psíquica. La aplicación de la filosofía india y de la historia religiosa para esta forma de interpretar el arte, le llevó a estar en desacuerdo con la erudición tradicional. Pero su vasto conocimiento de la mitología y de

---

1. Carl Jung es uno de los psicólogos de mayor influencia en la actualidad, que se acercó al estudio de las filosofías orientales y recuperó el valor de la mismas para occidente.
2. Richard Wilhelm, fue un estudioso de la filosofía china y del Taoísmo, cuya aportación ha sido muy valiosa para la recuperación de la importancia del taoísmo en la actualidad. En esta editorial se han publicado sus obras: "El secreto de la flor de oro", "Cuentos mágicos chinos", "Cuentos y leyendas chinos" y "Cuentos chinos".

la filosofía hindúes, particularmente de las obras *puránicas* y *tántricas*[1], le permitió obtener esta idea del arte, que posteriormente fue muy apreciada por los especialistas del tema, como *Campbell*, quien se convirtió en su alumno, como lo hicieron muchos otros.

Multitud de autores, atribuyen a *Zimmer* la popularización del arte del sur de Asia en Occidente. En sus obras se percibe la influencia del especialista en *Tantra* y *Shaktismo*: *John Woodroffe*[2], cuyos escritos sobre el tema, tuvieron gran repercusión en la época y aún la tienen, además de la influencia del psicólogo revolucionario *C. G. Jung* en sus interpretaciones de los mitos y leyendas de la India, abordando el encuentro entre la ciencia moderna y las llamadas "ciencias tradicionales" de la India y el sur de Asia.

Sus trabajos han tenido una gran importancia e influencia en las bases del pensamiento de nuestra sociedad actual y en el surgimiento del orientalismo contemporáneo, aunque no es tan conocido entre el público orientalista de Occidente, como lo son *Jung* y *Wilhelm*.

1. Purânas (Sánsc.). Literalmente: "antiguos". Colección de escritos simbólicos y alegóricos, en número de diez y ocho, que se supone fueron escritos por Vyâsa, autor del Mahâbhârata. Describen los poderes y hechos de los dioses. Un Purâna. dice Amara Sinha, tiene cinco puntos capitales o caracteres distintivos (pañchalakchanas): 1° La creación del universo; 2°, su destrucción y renovación; 3°, la genealogía de los dioses y patriarcas, 4°, los reinados de los Manus, que forman los períodos llamados Manvantaras y 5° la historia de las razas solares y lunares de reyes.
Sobre el Tantra y el tantrismo, ver el prólogo del traductor.
2. Sir John Woodroffe, también conocido por su seudónimo *Arthur Avalon*, fue un orientalista británico cuyas extensas y complejas obras publicadas sobre los tantras y otras tradiciones hindúes, estimularon en el público general, un amplio interés por la filosofía hindú y por el yoga. Estudió Derecho en el University College de Oxford, ingresó en el Colegio de Abogados y viajó a la India, donde muy pronto fue nombrado miembro de la Universidad de Calcuta, profesor de Derecho y abogado permanente del gobierno de India y poco después del Tribunal Superior, donde ejerció durante dieciocho años. Mientras desarrollaba su exitosa carrera judicial, estudió filosofía hindú y sánscrito, estando especialmente interesado en el Tantra. Tradujo varios textos del sánscrito y bajo su seudónimo, publicó y dio prolíficas conferencias sobre la filosofía hindú, el yoga y el Tantra. Al editar los textos sánscritos originales y al publicar sus ensayos sobre sus diferentes aspectos, muchos de ellos en la editorial de la Sociedad Teosófica de Madrás, demostró que la religión hindú y la adoración a sus dioses, tenían una profunda filosofía por detrás y que no había nada irracional u oscurantista en ellas. Dedicó toda una vida a la presentación sistemática y a la exposición de los principios básicos del Tantra, en un momento en que India todavía era una nación esclava, considerada por Occidente como una tierra de trucos de magia y de costumbres salvajes, lo que llevó al estudioso M, Pandit a calificarlo de "una verdadera alma india en un cuerpo europeo". Al jubilarse, volvió a Inglaterra, donde colaboró como Lector de Derecho indio en la Universidad de Oxford. Sus obras son consideradas como las referencias más importantes en el Tantra y los chakras. *"El poder serpentino y los chakras"* (editorial ELA) se basa en el estudio de los tantras, recogidos en su obra titulada: "Textos sánscritos" y principalmente en dos de sus escritos: el Shat-chakra-nirupana (La descripción de los seis centros o Chakras) y el Padnka-Panchaka (El taburete de cinco patas del gurú), que tratan de una forma particular sobre el yoga tántrico o Kundalini yoga. Durante años esta obra ha sido considerada como una de las obras más importantes en la materia de los chakras y del yoga tántrico, junto con la obra "Los chakras" de C. W. Leadbeater (editorial ELA) .

Algunas de sus obras más conocidas son:

"Arte y Yoga", el primer estudio occidental sobre los mandalas.

"Eternal India, leit motifs of Indian Being",

"Indische Sphaeren", que contenía cuatro ensayos: "Indian Myth", "La costumbre del pescado", "Yoga y Maya" y "Buda".

"Maya, un mito indio".

"Sabiduría de la India, cuentos y símbolos".

"Sobre la importancia del Yoga en la cultura india".

"El rey en la cámara oscura".

"Algunos aspectos del tiempo en el arte indio".

"Los indios hasta el advenimiento del Islam".

También tradujo el Ashtavakragita, el Matangalila y varias leyendas budistas del Divyavadana.

Obras póstumas:

"El camino hacia uno mismo", publicado después de su muerte por C. G. Jung y que trata sobre la vida y las enseñanzas de *Ramana Maharshi*.

"Filosofías de la India", editada por su alumno *John Campbell,* también después de su muerte.

Sobre el traductor y autor de las notas de esta edición

Norberto Tucci, es un estudioso del orientalismo y de las artes marciales. Durante más de 30 años, se ha dedicado al estudio de las religiones y filosofías de oriente, principalmente el budismo, el zen y el taoísmo, así como el Vedanta, el Tantra y la Teosofía. Ha traducido y comentado algunos de los textos más importantes de oriente, como: el "Tao Te King", "El I Ching","El arte de la guerra", o el "Dhammapada", destacando también sus versiones de "Hagakure", "El libro de los cinco anillos" o "El libro del té" y sus selecciones de "Historias zen" y de "Mandalas", además de varios textos de Vedanta y de Tantra. Se ha integrado en los conceptos de vida orientales, tanto en la filosofía como en la práctica, guiado por su máxima: *"Comprender desde dentro",* la cual le ha llevado a conocer y a vivenciar los estilos de vida orientales en varias de sus manifestaciones. Sus textos resultan amenos y de fácil comprensión para el lector, por la sencillez y la naturalidad que da a sus expresiones, logrando hacer fácil y asequible, lo difícil.

En editorial ELA, se hayan publicadas muchas de sus obras y de sus traducciones.

Prólogo del traductor: Una nota sobre el Tantra

"Tan", significa: "extender", "hacer girar", "tejer", "mostrar", "exponer" y "componer". La palabra tantra, literalmente significa: dispositivo de expansión, esparcidor de salvación; telar, tejido, urdimbre. Por lo tanto y por extensión, el término *tantra*, en las tradiciones indias, significa: cualquier "texto, teoría, sistema, método, instrumento, técnica o práctica sistemático y ampliamente aplicable", "sistema", "doctrina" u "obra". Aunque en su acepción más común, se refiere a una *tradición yóguica esotérica* que se desarrolló en India y los mismos textos budistas a veces se denominan *tantra o sutra*. En la era moderna, se ha creado una impresión un tanto engañosa de su conexión con el sexo y el *tantra* se ha estudiado como una práctica esotérica y una religión ritualista, a veces denominada *tantrismo*.

Tantra, son por lo tanto, los textos sánscritos llamados *Tantras, Samhitas y Agamas* y una amplia gama de "creencias y prácticas mágicas" como el *yoga* y el *shaktismo[1]*. Teniendo en cuenta que "*yoga*" en sí mismo es un muy amplio, atribuido a muchas tradiciones y prácticas, incluida la del *yoga* como *estiramiento físico* (Hatha yoga), la más conocida y divulgada en Occidente, junto, en los últimos años, con el yoga como *meditación*.

Puesto que existe una gran diferencia entre lo que *Tantra* significa para sus seguidores, no existe una definición universalmente aceptada de *Tantra* y las tradiciones *tántricas* se han estudiado principalmente desde perspectivas textuales e históricas. Pero, el *Tantra* es diferente de *tantrismo*. El término *tantrismo* es una invención europea del siglo XIX, que no está presente en ningún idioma asiático; como ocurre con el término "*sufismo*"[2].

1. **Shakta:** persona que adora a Shakti como la esposa de Shiva. La conciencia individual está arraigada y es Shiva, mientras que el cuerpo y la mente son manifestaciones de Shakti. Los Shaktas basan sus prácticas en la adoración de Shakti, el poder cósmico que crea, sostiene y eventualmente retira el universo. Por lo tanto, el sadhana de los Shaktas está relacionada con la purificación y el uso del cuerpo, la mente y el mundo material para sintonizar con la conciencia subyacente. Creen que, a través de la manifestación de Shakti en el propio cuerpo y mente, se puede alcanzar la experiencia suprema. Mientras que los Shaivitas renuncian al mundo de los objetos, los Shaktas dicen que el mundo debe ser usado y disfrutado. El punto final es el mismo: la trascendencia. Representan a Shakti en una gran cantidad de formas, como *Kali, Tara, Devi, Tripura Sundari, Bhairavi, Saraswati, Lakshmi, Durga*, etc. Los Shaktas adoran todo en el mundo, ya que cada objeto desde el átomo más pequeño es una manifestación de expresión de la Shakti cósmica. Para los Shivitas ella es la consorte de Shiva; para los vaisnavitas el maravilloso esplendor del corazón de Vishnu, y para los Shaktas es la Madre del universo. Las diferentes diosas representan diferentes aspectos de este poder cósmico.
2. **Sufismo:** se conoce así en Occidente a la mística del Islam, muy divulgada a través de la figura de Nasrudín. Ver la obra: "Cuentos Sufis de Nasrudín", de Norberto Tucci (editorial ELA), que reúne las mejores historias y cuentos de este sabio, siempre llenas de humor y sabiduría. Para el sufismo, lo importante es el aquí y el ahora, estando en contra del exceso de dogmas del Islam y buscando la verdad, que se encuentra en el interior de uno mismo y no en otro lugar exterior. Al igual que los maestros zen, utilizan,el lenguaje de los cuentos y la simbología para transmitir este mensaje.

Este término fue introducido por los estudiosos de India del siglo XIX, como una práctica particular, inusual y minoritaria en contraste con las tradiciones indias que creían que constituía la corriente principal.

La visión moderna del *tantrismo* es de algo oculto, esotérico y secreto y el *Tantra* se ha asociado comúnmente con el sexo e incluso ha sido etiquetado como el "*yoga del éxtasis*", lo cual está muy lejos de la comprensión diversa y compleja de lo que significa *Tantra* para los *budistas, hindúes y jainistas* que lo practican. El *tantrismo* generalmente es una "búsqueda sistemática de la salvación o de la excelencia espiritual", mediante la realización y el fomento de lo divino dentro del propio cuerpo, que es la unión simultánea de lo masculino-femenino y espíritu-materia y tiene el objetivo final de realizar el "bienaventurado estado primordial de no dualidad". Por lo general, es un sistema de esfuerzo metódico, que consiste en prácticas específicas elegidas voluntariamente que pueden incluir elementos tántricos como *mantras* (*bijas*), patrones y símbolos geométricos (*mandalas*), gestos rituales (*mudra*), asignaciones de íconos y sonidos (*nyasa*), meditación (*dhyana*), adoración ritual (*puja*), iniciación (*diksha*) y otros.

La palabra *tantrismo*, es un término general, que combina tradiciones *védicas, yóguicas y meditativas* del *hinduismo antiguo*, así como *tradiciones budistas y jainistas*. Es un *neologismo de los eruditos occidentales* y no refleja ninguna tradición tántrica en particular, ya que no existe una única característica universal definitoria común a todas las tradiciones tántricas, puesto que se trata de un sistema abierto en evolución.

El *tantrismo*, ya sea *budista o hindú*, puede caracterizarse mejor como unas prácticas, como un conjunto de técnicas, con un fuerte enfoque en los rituales y la meditación, por parte de aquellos que creen que es un *camino hacia la liberación* que se caracteriza tanto por el *conocimiento* como por la *libertad*. Las tradiciones tántricas sostienen, que "tanto la iluminación como el éxito mundano" se pueden lograr en este mundo y que "no es necesario evitar este mundo para lograr la iluminación".

Aunque toda la parte del norte de la India y del Himalaya estuvo involucrada en el desarrollo del *Tantra, Cachemira* fue un centro particularmente importante, tanto saiva como budista y numerosos textos tántricos clave se escribieron allí. El *Tantra hindú*, aunque practicado por parte de la población laica en general, finalmente fue eclipsado por los movimientos *Bhakti* más populares que se extendieron por toda la India desde el siglo XV en adelante. Las tradiciones tántricas también sobrevivieron en ciertas regiones, como entre los *Naths de Rajasthan,* en la tradición *Sri Vidya* del sur de la India y en los *baul* bengalíes. Posteriormente, durante los siglos XIX y

XX, el *Hatha yoga* hindú tuvo su origen en un contexto tántrico *Saiva*,

En el *budismo*, mientras que el *Tantra* fue aceptado en los grandes establecimientos *Mahayana* de *Nalanda* y *Vikramashila* y se extendió a las regiones del Himalaya, también experimentó serios reveses en otras regiones, particularmente en el sudeste asiático.

Dadas las opiniones extremadamente negativas sobre el *Tantra* y sus prácticas sexuales y mágicas que prevalecían en la India de clase media a fines del siglo XIX y XX y que aún prevalecen en gran medida hoy en día, de que el tantra era una herencia vergonzosa, personas como *Swami Vivekananda* (consultar sus obras en esta editorial), se esforzaron mucho en reconstruir el yoga, generalmente en términos de una lectura vedántica selectiva del *Yogasutra de Patanjali*. El esfuerzo tuvo un gran éxito y muchos practicantes occidentales modernos de yoga, de meditación y de relajación, tienen poco o ningún conocimiento de que su función original era la preparación para las prácticas sexuales internas, de la tradición *Nath*.

1. Swami Vivekananda, fue el primer hindú en viajar a Occidente y quien introdujo el yoga y el vedanta en Estados Unidos e Inglaterra. Hijo de un abogado y de una mujer espiritual, estudió desde muy joven las escrituras clásicas de la India y practicó meditación. En la Facultad estudió filosofía, lógica occidental, filosofía occidental e historia europea y mundial. Cuando conoció a Râmakrishna fue su discípulo durante cinco años, hasta que falleció y entonces con un grupo de sus principales seguidores se hizo monje, renunciando a todo y se dedicó a vivir de limosna. Viajó por la India como monje y conoció de cerca la cultura y las diversas regiones de la India y sus clases sociales. Observó el desequilibrio de la sociedad y la tiranía de las castas y se dio cuenta de la necesidad de una renovación nacional. Más adelante viajó a Chicago, para acudir al Parlamento Mundial de las Religiones donde dio una serie de conferencias e introdujo con éxito el yoga y el Vedanta en Occidente, enseñando a cientos de estudiantes en privado y en clases gratuitas, fundando centros de Vedanta en Nueva York y Londres, y dando conferencias en las universidades más importantes, encendiendo así el interés occidental por el hinduismo. Después de cuatro años de esta actividad en Occidente, volvió a la India. Los líderes indios más importantes del siglo XX han reconocido su influencia. Gandhi dijo que por Vivekananda "Multipliqué mi amor por mi país mil veces" y también que: "Los escritos de Swami Vivekananda no necesitan introducción de nadie. Poseen una atracción irresistible". Rabindranath Tagore dijo: "Si quieres conocer la India, aprende de Vivekananda. En él todo es positivo y nada negativo". El Día Nacional de la Juventud de la India fue instituido en su memoria el 12 de enero, día de su cumpleaños. Sus obras han inspirado e inspiran a muchos luchadores por la libertad. En editorial ELA, se han publicado sus obras: "Raja yoga y otros escritos inéditos", "Autorrealización por el yoga", "El Ramayana, El Mahabharata y el Bhagavad Guita", "Jnana Yoga", "Karma yoga", "Bhakti yoga" y "Vedanta práctica".

El encuentro de oriente y occidente

1.
El rugido del despertar

En Occidente, estamos a punto de llegar a una encrucijada, a la que llegaron los pensadores de la India, unos setecientos años antes de Cristo. Esta es la verdadera razón por la que nos irritamos y estimulamos y a la vez nos inquietamos, pero nos interesamos, cuando nos enfrentamos a los conceptos e imágenes de la sabiduría oriental. Esta es una encrucijada a la que llegan todas las civilizaciones durante el transcurso del desarrollo de su capacidad de experiencia religiosa y las enseñanzas de la India, nos hacen darnos cuenta de cuáles fueron sus problemas. Pero nosotros no podemos hacernos cargo de las soluciones indias, debemos entrar en el nuevo período a nuestra manera y resolver esas cuestiones por nosotros mismos, porque la verdad, el resplandor de la realidad, es universalmente una y la misma, aunque se refleja de diversas formas según los medios en los que se refleja.

La verdad aparece de manera diferente en diferentes tierras y épocas según los materiales vivos de los que están tallados sus símbolos. Los conceptos y las palabras son símbolos, como lo son las visiones, los rituales y las imágenes y también lo son los usos y costumbres de la vida diaria. A través de todos ellos se refleja una realidad trascendente. Éstas y otras metáforas, reflejan e implican algo que, aunque expresado de diversas maneras, es inefable, aunque multiforme y permanece inescrutable[1].

Los símbolos sujetan a la mente a la verdad, pero no son ellos mismos la verdad, por lo que es ilusorio tomarlos como la verdad. Cada civilización y cada época, debe producir los suyos propios. Por lo tanto, tendremos que seguir el camino difícil de obtener nuestras propias experiencias, producir nuestras propias reacciones y asimilar nuestros sufrimientos y rea-

---

1. Como dice H. P. Blavatsky en su obra "Isis sin velo" (editorial ELA): "La verdad común a todas las religiones, se oculta bajo un velo, tejido a lo largo de los años por los intereses de los representantes de las distintas iglesias y es nuestra labor, levantar ese velo para encontrar esa verdad".

lizaciones. Sólo entonces, la verdad que traemos a su manifestación, será tanto nuestra carne y sangre, como lo es el niño de su madre y la madre, enamorada del Padre, entonces se deleitará con justicia en su descendencia como Su duplicación. La semilla inefable debe ser concebida, gestada y parida de nuestra propia sustancia y alimentada por nuestra sangre, para ser el verdadero hijo por el cual renace su madre y el Padre, el divino Principio Trascendente, será entonces también renacido, es decir, saldrá del estado de no manifestación, de no acción, de aparente inexistencia.

No podemos pedir prestado a Dios. Debemos efectuar Su nueva encarnación desde dentro de nosotros mismos. La divinidad debe descender, de algún modo, a la materia de nuestra propia existencia y participar en este peculiar proceso vital. Según las mitologías de la India, este es un milagro que, sin duda, sucederá, como en los antiguos cuentos hindúes se lee que cada vez que se implora al creador y sustentador del mundo y Vishnu[1], aparece en una nueva encarnación y las fuerzas suplicantes, no le dejan en paz hasta que condesciende a hacerlo.

Sin embargo, en el momento en que desciende, tomando carne en un vientre bendito, para manifestarse de nuevo en el mundo, que es en sí mismo un reflejo de su propio ser inefable; fuerzas demoníacas obstinadas, se lanzan contra él, porque hay quienes odian y desprecian al dios y no tienen lugar para él en sus sistemas de egoísmo expansivo y gobierno dominante. Estos hacen todo lo que está a su alcance para obstaculizar su carrera. Su violencia, sin embargo, no es tan destructiva como parece; no es más que una fuerza necesaria en el proceso histórico. La resistencia es una parte normal en la comedia cósmica recurrente, que se representa cada vez que una chispa de valor celestial, atraída por la miseria de las criaturas y la inminencia del caos, se manifiesta en el plano fenoménico.

"Sucede lo mismo con nuestro espíritu", señala *Paul Valery*: "como con nuestra carne: ambos ocultan en el misterio, lo que sienten que es más

---

1. Vishnu o Vichnu: Segunda persona de la Trimûrti (Trinidad) india, compuesta de Brahmâ, Vishnu y Shiva. La palabra Vishnu o Vichnu proviene de la raíz vich, "penetrar o llenar". En el Rig-Veda, Vichnu no es un dios elevado, sino simplemente una manifestación de la energía solar, descrito "cruzando a grandes trancos, las siete regiones del Universo en tres pasos y envolviendo todas las cosas con el polvo (de sus rayos de luz)". Se le representa descansando sobre la serpiente Ananta ("sin fin"), símbolo de la eternidad. Otras veces está representado cabalgando en la gigantesca ave Garuda, que esotéricamente es el símbolo del gran ciclo (Mahâkalpa). Es la manifestación de la energía solar, motivo por el cual es considerado como jefe de los Adityas o dioses solares. En los Purânas es la personificación de la cualidad Sattva; es también el Prajâpati (creador) y supremo dios. Como tal tiene tres condiciones: 1ª la de Brahmâ, el creador activo; 2ª la de Vishnu mismo, el conservador y 3ª la de Shiva o Rudra, el poder destructor. Se pinta a Vishnu en una figura de cuatro brazos, teniendo en sus manos una concha, un disco, una maza y un loto. Este dios ha tenido diez avataras o encarnaciones, de las cuales la principal es en figura de Krishna, el protagonista del Bhagavad-Gîtâ.

importante. Lo ocultan para sí mismos. Lo señalan y protegen con esta profundidad en la que lo esconden. Todo lo que realmente cuenta, está bien velado; los testimonios y los documentos sólo lo vuelven más oscuro; los hechos y las obras están diseñados expresamente para tergiversarlo[1]".

El objetivo principal del pensamiento indio, es revelar e integrar en la conciencia, lo que las fuerzas de la vida han resistido y ocultado, no explorar y describir el mundo visible. El logro supremo y característico de la mente de Brahman[2] (y esto ha sido decisivo, no sólo para el curso de la filosofía india, sino también para la historia de la civilización india) fue su descubrimiento del Sí mismo (*Atman*)[3] como una entidad independiente e imperecedera, subyacente a la personalidad consciente y al marco corporal.

Todo lo que normalmente conocemos y expresamos acerca de nosotros mismos, pertenece a la esfera del cambio, a la esfera del espacio y del tiempo, pero este Ser el Sí mismo (*Atman*) es eternamente inmutable, más allá del espacio, más allá del tiempo y de la red veladora de la causalidad, más allá de la medida, más allá del dominio de la vista. El esfuerzo de la filosofía india ha sido, durante milenios, conocer este Ser inflexible y hacer que

1. Paul Valery: fue un poeta, ensayista y filósofo francés. Tras su elección a la Académie française, se convirtió en un orador público incansable y una figura intelectual en la sociedad francesa, que viajó por Europa y dio conferencias sobre temas culturales y sociales, además de asumir una serie de puestos oficiales que le ofrecieron. Representó a Francia en asuntos culturales en la Liga de las Naciones y formó parte de varios de sus comités, incluido el subcomité de Artes y Letras del Comité de Cooperación Intelectual. Fundó el Collège International de Cannes, una institución privada que enseña la lengua y la civilización francesas, que ofrece cursos profesionales para hablantes nativos, así como cursos para estudiantes extranjeros. También fue miembro de la Academia de Ciencias de Lisboa y del Front national des Ecrivains y fue nombrado director ejecutivo de lo que más tarde se convertiría en la Universidad de Niza y titular inaugural de la Cátedra de Poética en el Collège de France. Valéry es más conocido como poeta y, a veces, se le considera el último de los simbolistas franceses. La cita completa dice: "Es en nuestro espíritu como en nuestra carne; donde lo que sienten es lo más importante, lo envuelven en misterio, lo ocultan de sí mismos; lo designan y dependen de ello por esta profundidad donde lo colocan. Todo lo que importa está oculto; los testigos y los documentos la oscurecen; los hechos y las obras se realizan expresamente para disfrazarlo" (Paul Valery, "Acerca de Adonis").
2. Brahmán: es el Principio Universal más elevado, la Realidad Última en el universo. En las principales escuelas de filosofía hindúes, es la causa material, eficiente, formal y final de todo lo que existe. Es la omnipresente, infinita y eterna verdad y bienaventuranza que no cambia, pero es la causa de todos los cambios. Brahman como concepto metafísico se refiere a la única unidad vinculante detrás de la diversidad en todo lo que existe en el universo. En los textos hindúes se discute junto con el concepto de Atman personal, impersonal o Parabrahman, o en varias combinaciones de estas cualidades dependiendo de la escuela filosófica. En las escuelas dualistas del hinduismo, Brahman es diferente de Atman (el alma) en cada ser. En las escuelas no duales, Brahman es idéntico al Atman, está en todas partes y dentro de cada ser viviente, y hay una unidad espiritual conectada en toda la existencia. Brahmán, no debe confundirse con Brahmâ (el dios hindú), Brahmana (una parte de texto en los Vedas), Brahmanismo (la religión) o brahmán (una de las castas o varna).
3. Atman: el Alma Suprema o Brahman o Consciencia pura, el Ser Atma Bhava.

ese conocimiento sea efectivo en la vida humana. Y esta preocupación permanente es la responsable de la suprema calma matutina, que impregna las terribles historias del mundo oriental, historias no menos tremendas, no menos horribles que las nuestras. A través de las vicisitudes del cambio físico, se mantiene una base espiritual en el terreno pacífico y dichoso de *Atman*; Ser eterno, atemporal e imperecedero.

La filosofía india, como la occidental, imparte información sobre las estructuras mensurables y los poderes de la psique, analiza las facultades intelectuales del hombre y las operaciones de su mente, evalúa varias teorías del entendimiento humano, establece los métodos y leyes de la lógica, clasifica los sentidos y estudia los procesos por los cuales las experiencias son aprehendidas y asimiladas, interpretadas y comprendidas. Los filósofos hindúes, como los de Occidente, se pronuncian sobre los valores éticos y las normas morales. Estudian también los rasgos visibles de la existencia fenoménica, criticando los datos de la experiencia externa y sacando deducciones con respecto a los principios de apoyo.

India, se debe decir, ha tenido y todavía tiene, sus propias disciplinas de psicología, ética, física y teoría metafísica. Pero la principal preocupación -en marcado contraste con los intereses de los filósofos modernos de Occidente- siempre ha sido, no la información, sino la transformación: un cambio radical de la naturaleza del hombre y con ello, una renovación de su comprensión tanto del mundo exterior como del mundo interior, de su propia existencia; una transformación tan completa como sea posible, tal y como la que equivaldrá, cuando tenga éxito, a una conversión o renacimiento total.

A este respecto, la filosofía india se pone del lado de la religión en mucha mayor medida que el pensamiento crítico y secularizado del Occidente moderno. Está del lado de filósofos antiguos como *Pitágoras, Empédocles, Platón, los estoicos, Epicuro* y sus seguidores, *Plotino* y los pensadores *neoplatónicos*. Reconocemos el punto de vista nuevamente en *San Agustín*, los místicos medievales como *Eckhart* y místicos posteriores como *Jakob Bohme* de Silesia. Entre los filósofos románticos reaparece en *Schopenhauer*.

Las actitudes mutuas del maestro hindú y del alumno postrado a sus pies, están determinadas por las exigencias de esta tarea suprema de transformación. Su finalidad es efectuar una especie de transmutación alquímica del alma. A través de los medios, no de una mera comprensión intelectual, sino de un cambio de corazón (una transformación que tocará el núcleo de su existencia), el alumno debe salir de la esclavitud, más allá de los límites de la imperfección y la ignorancia humanas y trascender el plano terrenal del ser.

Hay una divertida fábula popular que ilustra esta idea pedagógica. Está registrada entre las enseñanzas del célebre santo hindú del siglo XIX, Sri Ramakrishna[1]. Anécdotas de este tipo infantil, ocurren continuamente en los discursos de los sabios orientales; circulan en la tradición popular y todos las conocen desde la infancia. Llevan las lecciones de la sabiduría eterna de la India a los hogares y a los corazones de la gente, llegando a lo largo de los

1. Sri Ramakrishna, fue un líder religioso hindú, fundador de la escuela de pensamiento religioso que se convirtió en la Orden Ramakrishna. Nacido en una familia Brahman pobre, tuvo poca educación formal. Hablaba bengalí y no sabía ni inglés ni sánscrito. Su padre murió en 1843 y su hermano mayor, Ramkumar, se convirtió en cabeza de familia. A los 23 años, Ramakrishna se casó con Sarada Devi, una niña de cinco años, pero, debido a su defensa del celibato, el matrimonio nunca se consumó, aunque permanecieron juntos hasta su muerte. (Sarada Devi fue deificada más tarde y los devotos todavía la consideran una santa que la tratan como la Madre Divina). Por motivos económicos, se convirtieron en sacerdotes en un templo dedicado a la diosa Kali y posteriormente comenzó Ramakrishna una serie de sadhanas (prácticas austeras) en las diversas tradiciones místicas, incluido el vaishnavismo bengalí, el tantrismo shakta, el advaita vedanta e incluso el sufismo islámico y el catolicismo romano. Después de cada uno de estos sadhanas, Ramakrishna afirmó haber tenido la misma experiencia de Brahman, el poder supremo o suprema realidad del universo. Más adelante en su vida se hizo famoso por sus concisas parábolas sobre la unidad última de las diferentes tradiciones religiosas en este Brahman vedántico sin forma. De hecho, al ver a Dios en todo y en todos, creía que todos los caminos conducían a la misma meta. El mensaje de que todas las religiones conducen al mismo fin fue ciertamente poderoso desde el punto de vista político y religioso, particularmente porque respondía en términos indios clásicos a los desafíos de los misioneros británicos y las autoridades coloniales que durante casi un siglo habían criticado el hinduismo por razones sociales, religiosas y éticas. Que todas las religiones pudieran ser vistas como diferentes caminos hacia la misma fuente divina o, mejor aún, que esta fuente divina se revelara en las categorías hindúes tradicionales fue una noticia bienvenida y verdaderamente liberadora para muchos hindúes.

Swami Vivekananda, fue el difusor de sus principios en Occidente, el primer hindú en viajar a Occidente y quien introdujo el yoga y el Vedanta en Estados Unidos e Inglaterra. Hijo de un abogado y de una mujer espiritual, estudió desde muy joven las escrituras clásicas de la India y practicó meditación. En la Facultad estudió filosofía, lógica occidental, filosofía occidental e historia europea y mundial. Cuando conoció a Ramakrishna fue su discípulo durante cinco años, hasta que éste falleció y entonces con un grupo de sus principales seguidores se hizo monje, renunciando a todo y se dedicó a vivir de limosna. Viajó por la India como monje y conoció de cerca la cultura y las diversas regiones de la India y sus clases sociales. Observó el desequilibrio de la sociedad y la tiranía de las castas y se dio cuenta de la necesidad de una renovación nacional. Más adelante viajó a Chicago, para acudir al Parlamento Mundial de las Religiones donde dio una serie de conferencias e introdujo con éxito el yoga y el Vedanta en Occidente, enseñando a cientos de estudiantes en privado y en clases gratuitas, fundando centros de Vedanta en Nueva York y Londres, y dando conferencias en las universidades más importantes, encendiendo así el interés occidental por el hinduismo. Después de cuatro años de esta actividad en Occidente, volvió a la India. Los líderes indios más importantes del siglo XX han reconocido su influencia. Gandhi dijo que por Vivekananda "Multipliqué mi amor por mi país mil veces" y también que: "Los escritos de Swami Vivekananda no necesitan introducción de nadie. Poseen una atracción irresistible". Rabindranath Tagore dijo: "Si quieres conocer la India, aprende de Vivekananda. En él todo es positivo y nada negativo". El Día Nacional de la Juventud de la India fue instituido en su memoria el 12 de enero, día de su cumpleaños. Sus obras han inspirado e inspiran a muchos luchadores por la libertad.

milenios a ser propiedad de todos. Efectivamente India es una de las grandes patrias de la fábula popular y durante la Edad Media, muchos de sus cuentos fueron llevados a Europa[1].

La viveza y la simple adecuación de las imágenes revelan los puntos de la enseñanza; son como clavijas a las que se puede unir un sinfín de razonamientos abstractos. La fábula oriental, no es más que uno de los muchos dispositivos orientales para hacer que las lecciones se arraiguen y permanezcan en la mente. La mencionada fábula habla de un cachorro de tigre, que había sido criado entre cabras, pero a través de la guía esclarecedora de un maestro espiritual, se dio cuenta de su propia naturaleza insospechada.

"Su madre había muerto al darle a luz. Embarazada, había estado merodeando durante muchos días sin encontrar presas, cuando se encontró con una manada de cabras salvajes. La tigresa estaba muy hambrienta en ese momento y este hecho puede explicar la violencia de su salto; pero en cualquier caso, la tensión del salto provocó los dolores de parto y expiró de puro agotamiento. Entonces las cabras, que se habían dispersado, volvieron a los pastos y encontraron al pequeño tigre gimiendo al lado de su madre y adoptaron a la débil criatura por compasión materna, la amamantaron junto con su propia descendencia y la cuidaron con cariño.

El cachorro creció y su cuidado fue recompensado; porque el muchachito aprendió el lenguaje de las cabras, adaptó su voz a su suave balido y mostró tanta devoción como cualquier cabrito del rebaño. Al principio experimentó cierta dificultad cuando trató de mordisquear las finas briznas de

---

1. Muchos autores afirman que los relatos hindúes donde los animales son los protagonistas y se les atribuye condiciones humanas, llamados: "Hitopadeza", son los que han dado lugar al género que ahora llamamos fábula. Son historias donde los animales comparten el protagonismo con los hombres, escritas de forma que van enlazadas las unas con las otras y cada una nos ofrece una o varias enseñanzas o moralejas. Forman parte del Panchatantra y son una exposición sobre el arte de gobernar y de vivir, que se realiza de una forma fácil de entender para los jóvenes príncipes hindúes. Es uno de los libros más leídos en la India, después del Bhagavad Guita y está compuesto por una serie de preceptos morales, que toman la forma de alegorías y fábulas y que se emplean con la finalidad de instruir a todos los jóvenes para que aprendan la filosofía de la vida y pasen a ser adultos responsables. Para ello, sus autores, toman la forma del apólogo, con el propósito de instruir sobre principios éticos, morales o de comportamiento, que se citan al final o al principio de la narración y que son el origen de las actualmente denominadas moralejas. En editorial ELA, se han publicado los dos primeros libros: Mitralabha o la adquisición de Amigos y Suhridbheda o la desunión de amigos; recogidos en la obra titulada: "Hitopadeza. Antiguas fábulas hindúes", que comprenden historias dirigidas hacia el comportamiento en la esfera más privada de la vida, más aplicables a las relaciones entre particulares. Los libros tercero y cuarto: Vigraha o la guerra y Sandhi o la paz, se recogen en el libro: "Hitopadeza. Cuentos indios de animales para la guerra y la paz" y responden a consejos para la esfera más pública de la vida, más aplicables a las relaciones sociales o de Estado y son una exposición sobre el arte de vivir y de gobernar y también tratan sobre la elección de los amigos y aliados.

hierba con sus dientes puntiagudos, pero de alguna manera lo logró. La dieta vegetariana lo mantuvo muy delgado e impartió a su temperamento una mansedumbre notable.

Una noche, cuando este joven tigre entre las cabras, había alcanzado la edad de la razón, la manada fue atacada nuevamente, esta vez por un feroz tigre macho viejo y nuevamente se dispersó; pero el cachorro se quedó donde estaba, sin miedo.

Por supuesto que estaba sorprendido. Descubriéndose cara a cara con el terrible ser de la jungla, miró asombrado a la aparición. Pasado el primer momento; comenzó a sentirse cohibido y emitiendo un balido desesperado, arrancó una fina hoja de hierba y la masticó, mientras el otro tigre se lo quedaba mirando.

De repente, el poderoso intruso preguntó:

- "¿Qué estás haciendo aquí entre estas cabras? y ¿Qué estás masticando?".

Y la criaturita graciosa baló.

El viejo se volvió realmente aterrador y rugió:

- "¿Por qué haces ese sonido estupido?" -y antes de que el otro tigre pudiera responder, lo agarró bruscamente por el pescuezo y lo sacudió, como para devolverlo a sus sentidos-.

Luego, el tigre de la jungla llevó al cachorro asustado a un estanque cercano, donde lo dejó en el suelo, obligándolo a mirar a la superficie del espejo, que estaba iluminada por la luna.

- "Ahora mira esas dos caras. ¿No son iguales? Tienes la cara de un tigre, es como la mía. ¿Por qué te crees una cabra? ¿Por qué balas? ¿Por qué mordisqueas la hierba?".

El pequeño no pudo responder, pero siguió mirando y comparando los dos reflejos. Luego se inquietó, cambió su peso de una pata a otra y emitió otro grito turbado y tembloroso.

La feroz bestia lo agarró de nuevo y se lo llevó a su guarida, donde le entregó un trozo sangrante de carne cruda, que quedaba de una comida anterior.

El cachorro se estremeció de disgusto, pero el tigre de la jungla, ignorando el débil balido de protesta, ordenó bruscamente:

- "¡Tómalo, cómelo, trágalo!".

La aspereza del bocado no le resultaba familiar y le estaba causando cierta dificultad, pero justo cuando estaba a punto de hacer de nuevo su ruidito, cuando empezó a sentir el sabor de la sangre. Estaba asombrado y acabó con avidez el resto.

Comenzó a sentir una gratificación desconocida, cuando la nueva comida pasó por su garganta y la sustancia carnosa llegó a su estómago. Una fuerza extraña, fulgurante, partiendo de allí, recorrió todo su organismo y empezó a sentirse exaltado, embriagado. Sus labios chasquearon y se lamió la papada. Después, se levantó y abrió la boca con un gran bostezo, como si despertara de una noche de sueño, una noche que lo había tenido bajo su hechizo durante mucho tiempo, durante años y años. Estirando su forma, arqueó su espalda, extendiendo y separando sus patas. La cola azotó el suelo y de repente de su garganta brotó el aterrador y triunfante rugido de un tigre.

El profesor sombrío, mientras tanto, había estado observando de cerca y con creciente satisfacción. La transformación había tenido lugar realmente. Cuando terminó el rugido, exigió bruscamente:

- "¿Ahora sabes lo que realmente eres?".

Y para completar la iniciación de su joven discípulo en el conocimiento secreto de su propia naturaleza verdadera, agregó:

- "Ven, ahora iremos a cazar juntos en la jungla"[1].

La historia del pensamiento indio, durante el período inmediatamente anterior al nacimiento y misión de Buda (563-483 a. de C.), muestra una intensificación gradual del énfasis en esta cuestión del redescubrimiento y de la asimilación del Sí mismo. Los diálogos filosóficos de los *Upanishads*[2], indican que durante el siglo VIII a. C., un cambio crítico de peso desde el universo exterior y las esferas tangibles del cuerpo hacia lo interior y lo intangible, estaba llevando las peligrosas implicaciones de esta dirección de la mente a su conclusión lógica.

1. Queda manifiesta la intención del autor, de despertar en nosotros los lectores occidentales (vegetarianos en el asunto de los ritos y el simbolismo, en comparación a los hindúes), el mismo rugido, que surgió del joven tigre vegetariano, de ahí el título de este primer capítulo: "El rugido del despertar".
2. Upanishads o Upanichads: "doctrina esotérica", o interpretación de los Vedas por los métodos del Vedanta. La tercera división de los Vedas añadida a los Brahmanas y considerada como una porción del Zruti o palabra "revelada". La palabra Upanishad es explicada por los pandits indios como "aquello que destruye la ignorancia, produciendo así la liberación del espíritu, por medio del conocimiento de la verdad suprema, aunque oculta". De estos tratados ha sido desarrollado el sistema Vedanta de la filosofía. El número admitido de estos tratados es de 150, aunque en la actualidad sólo unos 20 están libres de toda adulteración. Tratan de todas las cuestiones abstrusas, metafísicas, tales como el origen del Universo, la naturaleza y la esencia de la Deidad inmanifestada y de los dioses manifestados; la conexión primitiva y final entre el Espíritu y la Materia; la universalidad de la mente y la naturaleza del Ego y del Alma humana. La palabra Upanishad viene del sánscrito Upa-ni-shad y quiere decir una sesión, una instrucción o una lección a los pies del maestro. Los Upanishads, constituyen un tesoro de valor incalculable para toda la humanidad. La revolución fundamental de los Upanishads, es que atacan la existencia de los dioses externos, propios de las diferentes religiones hinduistas y a los ritos de los sacrificios y ceremonias religiosas secretas de las épocas anteriores y van orientados hacia el mundo interior del ser humano, son poemas de interiorización, para intentar a través de ellos alcanzar la realidad suprema. Su centro de estudio es el Atman, la realidad de las realidades. En esta editorial existe una edición de los Upanishads, realizada por Norberto Tucci.

Se estaba produciendo un proceso de retirada del mundo normalmente conocido. Los poderes del macrocosmos y las facultades correspondientes del microcosmos, estaban siendo generalmente devaluados y dejados atrás y con tal audacia, que todo el sistema religioso del período anterior estaba en peligro de derrumbarse. Los reyes de los dioses, *Indra y Varuna* y los divinos sacerdotes de los dioses, *Agni, Mitra y Brhaspati*, ya no recibían su merecido rezo y sacrificio. En lugar de dirigir la mente hacia estos guardianes simbólicos y modelos de los órdenes natural y social, apoyándolos y manteniéndolos efectivos a través de una secuencia continua de ritos y meditaciones; los hombres volvían toda su atención hacia adentro, esforzándose por alcanzar y mantenerse en ellos mismos. un estado de *autoconciencia* absoluta a través del *pensamiento puro*, el *auto-análisis sistemático*, el *control de la respiración* y las severas disciplinas psicológicas del *yoga*.

Los antecedentes de esta introspección radical, ya son discernibles en muchos de los himnos de *los Vedas*[1]; por ejemplo, en la oración de poder, en la que las fuerzas divinas que se manifiestan de diversas formas en el mundo exterior, son conjuradas para entrar en el sujeto, establecer su morada en su cuerpo y vivificar sus facultades.

"¡El brillo que está en el león, el tigre y la serpiente; en Agni (el dios del fuego de los sacrificios), en los brahmanes y en Surya (el Sol), sean nuestros!

¡Venga a nosotros, la hermosa diosa que dio a luz a Indra, dotada de su brillo!

¡La brillantez que hay en el elefante, la pantera y en el oro; en las aguas, en el ganado y en los hombres sean nuestros!

¡La hermosa diosa que dio a luz a Indra, venga a nosotros, dotada de su brillo!

---

1. Vedas: en sánscrito "conocimiento", son una gran cantidad de textos religiosos originarios de la India antigua. Compuestos en sánscrito védico, los textos constituyen la capa más antigua de la literatura sánscrita y las escrituras más antiguas del hinduismo. Hay cuatro Vedas: el Rigveda, el Yajurveda, el Samaveda y el Atharvaveda. Los Vedas son Sruti ("lo que se escucha"), lo que los distingue de otros textos religiosos, que se denominan Smrti ("lo que se recuerda"). Los hindúes consideran que los Vedas son apauruveya, que significa "no de un hombre, sino sobrehumano" e "impersonal, sin autor" y están constituidos por las revelaciones de sonidos y textos sagrados escuchados por los sabios antiguos después de una intensa meditación. Los Vedas se han transmitido oralmente desde el segundo milenio a. C., con la ayuda de elaboradas técnicas mnemotécnicas. Las diversas filosofías indias y denominaciones hindúes han adoptado posiciones diferentes sobre los Vedas; las escuelas de filosofía india que reconocen como la autoridad primordial a los Vedas se denominan como "ortodoxas" (astika) y a las otras tradiciones. Para más datos consultar la obra: "Los himnos mágicos del Rig Veda", editorial ELA y otras obras de Vedanta y de Swami Vivekananda en esta misma editorial.

¡El brillo que está en el carro, los dados y la fuerza del toro; en el viento, en Parjanya (Indra como el señor de la lluvia) y el fuego de Varuna (señor regente del océano y del cuadrante occidental), sean nuestros!

¡Que la hermosa diosa que dio a luz a Indra, venga a nosotros dotada de su brillo!

¡El brillo que hay en el hombre de la casta real, en el tambor estirado, en la fuerza del caballo y en el grito de los hombres, sea nuestro!

¡Que la hermosa diosa que dio a luz a Indra, venga a nosotros dotada de su brillo!". (Atharva Veda VI. 38).

El sistema *Adhyatmam-adhidaivam*[1] completamente desarrollado del período de los *Upanishads,* utilizó como medio para llegar al desapego absoluto, un esquema minucioso de correspondencias entre los fenómenos subjetivos y objetivos. Como ejemplo:

"Habiendo sido creadas las divinidades del mundo, dijeron a *Atman* (el Ser como el Creador):
- 'Encuéntranos una morada en la que podamos establecernos y podamos comer'.
Y Él hizo subir un toro hacia ellos.
Entones, ellos dijeron:
- 'En verdad, esto no es suficiente para nosotros'.
Y Él hizo subir un caballo para ellos. Pero ellos dijeron:
- 'En verdad, esto no es suficiente para nosotros'.
Y Él llevó a una persona para ellos y dijeron:
- '¡Oh! Bueno, en verdad, una persona es una cosa bien hecha.
Y Él les dijo:
- 'Entrad en vuestras respectivas moradas'.
El fuego se convirtió en palabra y entró en la boca. El viento se convirtió en aliento y entró en las fosas nasales. El sol se hizo vista y entró en los ojos. Los cuadrantes del cielo se convirtieron en oídos y entraron en la orejas. Las plantas y los árboles se convirtieron en pelos y entraron en la piel. La luna se convirtió en mente y entró en el corazón. La muerte se convirtió en la exhalación y entró en el ombligo. Las aguas se convirtieron en semen y entraron en el miembro viril". (Aitareya Upanishad. 2. 1-4)

1. Adhyatmam-adhidaivam: (adhy: "sobre"; atman "yo o espíritu"): el Espíritu Supremo manifestado como el Yo del individuo. Adhidaivam (daivam, de deva: "divinidad"): el Espíritu Supremo operando en los objetos materiales. Estos dos se equiparan en este sistema, como los aspectos duales de un único Imperecedero, conocidos respectivamente desde los puntos de vista subjetivo y objetivo. Adhyatmam, son escritos hindúes, doctrinas o ejercicios relacionados con el yo.

Se enseña al alumno, a aplicar su conocimiento de correspondencias de este tipo, a meditaciones como las siguientes:

"Como una jarra se disuelve en la tierra, una ola en el agua o un brazalete en oro, así el universo se disolverá en mí.

¡Soy Maravilloso! ¡Me adoro a mí mismo! Porque cuando el mundo, desde su más alto dios, hasta su más pequeño tallo de hierba, se disuelve, esa destrucción no es mía". (Astavakra Samhita. 2. 10-11)

Aquí es evidente una disyunción total del yo fenoménico (la personalidad ingenuamente consciente que junto con su mundo de nombres y formas se disolverá con el tiempo) de ese otro Yo trascendental (*Atman*), profundamente oculto, esencial pero olvidado, que cuando es recordado ruge con su emocionante exclamación, aniquiladora del mundo: "¡Soy Maravilloso!". Ese otro no es una cosa creada, sino el sustrato de todas las cosas creadas, de todos los objetos, de todos los procesos.

"Las armas no lo cortan, el fuego no lo quema, el agua no lo moja, el viento no lo seca". (Bhagavad Guita. 2. 23)[1]

Las facultades de los sentidos, normalmente volcadas hacia el exterior, buscando, aprehendiendo y reaccionando a sus objetos, no entran en contacto con la esfera de esa realidad permanente, sino sólo con las evoluciones transitorias de las transformaciones perecederas de su energía. La fuerza de la voluntad, conducida para el logro de los fines mundanos, por lo tanto, no puede ser de gran ayuda para el hombre. Tampoco los placeres y las

---

1. Desde que Wilkins tradujo en 1785 el Bhagavad Gita o "Canto del Señor", que es una parte del Mahabharata, quedaron sorprendidos los literatos europeos por aquella revelación del nuevo mundo, por aquel inopinado descubrimiento de un nuevo y vastísimo campo en el que tenían sus originarias raíces las ciencias, artes, letras, religiones y filosofías, las civilizaciones en suma, de los países de Occidente. Mediante el diálogo de Krishna con Arjuna, el Bhagavad Gita, revela las lecciones sobre cómo vivir y actuar correctamente y cuál es la verdadera naturaleza del hombre y su relación con Dios. Como escenario el simbolismo entre hombre-ego y su naturaleza superior verdadera, mostrándonos el camino por medio de la acción desinteresada y el camino del conocimiento. Arjuna (el hombre) se halla en el campo de batalla (el campo de acción) entre los dos ejércitos enemigos, uno compuesto por los poderes superiores del alma (los Pandavas), y el otro por los poderes inferiores (los Kurus). Allí está el hijo de Kunti (el alma) enfrente de sus parientes, hijos de Dhritarâshtra (la existencia terrestre) y se encuentra amenazado por el egoísmo, la obstinación, la presunción, la ilusión de sí mismo y sus pasiones, el deseo, la emoción, el odio, la ira, etc.; pero también de su lado hay valientes guerreros... ¿que les deparará el futuro? Hay varias ediciones del Bhagavad Guita, en editorial ELA. Todas son buenas traducciones y las hay comentadas e interpretadas. Para más datos consultar la web: www.libreriaargentina.com.

27

experiencias de los sentidos pueden iniciar la conciencia en el secreto de la plenitud de la vida.

Según el pensamiento y la experiencia de la India, el conocimiento de las cosas cambiantes no conduce a una actitud realista; porque tales cosas carecen de sustancia y perecen. Tampoco conduce a una perspectiva idealista; porque las inconsistencias de las cosas en un fluir continuo, se contradicen y se refutan unas a otras. Las formas fenoménicas, son por naturaleza engañosas y falaces. El que descanse en ellas, será turbado. Son meramente las partículas de una vasta ilusión universal, forjada por la magia de la plenitud del olvido del Sí mismo (*Atman*), apoyadas por la ignorancia y llevadas adelante por las pasiones engañosas. El desconocimiento ingenuo de la verdad oculta del Sí mismo (*Atman*), es la causa principal de todos los énfasis fuera de lugar, las alturas inapropiadas y los consiguientes tormentos de este mundo auto-intoxicado.

Está obviamente implícito en tal percepción, la base para una transferencia de todo interés, no sólo de los fines y medios normales de la gente del mundo, sino también de los ritos y dogmas de la religión de tales seres engañados. El creador mitológico, el Señor del Universo, ya no interesa. Sólo la *conciencia* introvertida, inclinada y conducida a la profundidad de la propia naturaleza del sujeto, alcanza ese límite donde las superposiciones transitorias, se encuentran con su fuente inmutable. Y tal *conciencia*, finalmente puede tener éxito incluso en llevarse a ella misma, la *conciencia*, a través de la frontera, para fusionarse, perecer y volverse imperecedera, en el sustrato omnipresente de toda sustancia.

Ese es el Sí mismo[1] (*Atman*), la fuente última, perdurable y sustentadora del ser. Ese, es el dador de todas estas manifestaciones especializadas, cambios de forma y desviaciones del verdadero estado, los llamados vikaras: transformaciones y evoluciones del despliegue cósmico. No es a través de la alabanza y la sumisión a los dioses, sino a través del conocimiento, el conocimiento del Sí mismo, que el sabio pasa de involucrarse en lo que aquí se muestra a descubrir su causa.

1. Sí mismo, se refiere al Yo Superior. Como dice H. P. Blavatsky: "Hay dos Yoes en el hombre: el superior y el inferior; el Yo impersonal y el Yo personal. El uno es divino, el otro semianimal y entre ambos hay que hacer una gran distinción". Ver "Glosario teosófico" editorial ELA. Quien quiera conocer más sobre la distinción de los distintos yoes, planos o cuerpos del ser humano, se recomienda acudir a las obras de A. E. Powell: "El doble etérico", "El cuerpo astral", "El cuerpo mental" y "El cuerpo causal" (editorial ELA), una serie de libros que tratan sobre los distintos cuerpos del hombre: el cuerpo físico, el doble etérico, el cuerpo astral, el cuerpo mental y el cuerpo causal y que, desde su aparición, es considerada como la serie más importante y completa sobre el tema, ya que se trata de un trabajo de recopilación de las obras teosóficas más destacadas en estos temas y dada la minuciosidad con la que ha sido realizado este trabajo, puede considerarse muy adecuado como para resumir las opiniones más acertadas en estas cuestiones.

Y tal conocimiento se logra a través de dos métodos: 1) un menosprecio sistemático del mundo entero como una ilusión, o 2) una realización igualmente completa de la pura materialidad de todo[1].

Esto, lo reconocemos precisamente como la posición no teísta, antropocéntrica, que nosotros mismos estamos a punto de alcanzar hoy en Occidente, si es que no la hemos alcanzado ya. Porque ¿dónde moran los dioses a quienes podemos levantar nuestras manos, enviar nuestras oraciones y hacer una oblación?

Más allá de la Vía Láctea, hay solo universos insulares, galaxia tras galaxia en las infinitudes del espacio, no hay reino de ángeles, ni mansiones celestiales, ni coros de los bienaventurados que rodeen un trono divino del Padre, girando en una conciencia beatífica sobre el misterio axial de la Trinidad.

¿Queda alguna región, en todos estos grandes lugares, donde el alma, en su búsqueda, podría esperar airearse a los pies de Dios, despojada de su propia envoltura material?

1. Como en el Vedanta y en el Shankhya. Vedanta es una de las filosofías más antiguas del mundo y una de las más universales, que sostiene la unidad de la existencia, la divinidad del alma humana y la armonía de todas las religiones. El Vedanta es la base religiosa del Bhagavad Gita y una de las seis escuelas ortodoxas (astika) de la filosofía hindú. También se le conoce como Uttara Mimamsa, que significa la 'última investigación' o la 'investigación superior'. La palabra Vedanta se compone de dos términos: "Veda", que se refiere a los cuatro textos védicos sagrados y "Anta", que significa "Fin". La palabra Vedanta, por lo tanto, significa literalmente "el fin de los Vedas" y originalmente hacía referencia a los Upanishads, reflejando las ideas y a las filosofías contenidas en ellos, que trataban principalmente sobre el conocimiento y la liberación. El Vedanta tiene muchas tradiciones y aunque todas se interesan por los mismos temas, difieren algo en sus puntos de vista principalmente sobre el concepto de Brahman, Ishvara y Atman. Las principales tradiciones del Vedanta son: el Vedanta Dvaitadvaita o Svabhavikabhedabheda (un Vedanta que no sigue el dualismo pero que es dualista en parte), el Vedanta Achintya Bheda Abheda (que defiende la inconcebible unicidad y la diferencia), el Vedanta Advaita (que es monista), el Vedanta Vishishtadvaita (que defiende el monismo calificado), el Vedanta Dvaita (que defiende el dualismo) y el Vedanta Suddhadvaita (que es puramente no dual). Para más datos consultar las obras de Vedanta y de Swami Vivekananda en editorial ELA (www.libreriaargentina.com).
Samkhya, literalmente significa: enumeración, discriminación, clasificación; siendo sam (samyak): completo y khya: cálculo, por lo que es conocido como el sistema enumerador o racionalista. La filosofía Samkhya, es una de las seis Dharsanas o escuelas ortodoxas de la filosofía hindú junto a: vedanta, yoga, mimamsa, niaia y vaisesika. También es la filosofía en la que se fundamentan los conceptos básicos del Ayurveda. La filosofía samkhya, no niega la existencia de Brahman (Aquello, lo Absoluto), apenas no se refiere directamente al tema, al igual que ocurre en el budismo. Pero no es un sistema ateo o materialista como algunos lo califican, ya que para crear un sistema que explique los fenómenos del universo, se basa en la existencia de Aquello, lo Absoluto, Brahman, de quien Purusha y Prakriti son emanaciones o formas de pensamiento. Tampoco menciona nada acerca de Ishwara o Dios, porque después de la liberación (moksha) no hay distinción esencial entre el Purusha individual y el universal. Para más datos consultar la obra de H. Zimmer: "La filosofía Shamkhya y el yoga", editorial ELA.

Acaso, ¿no debemos ahora volvernos hacia adentro, buscar lo divino en el interior, en la bóveda más profunda y escuchar dentro de nosotros la voz secreta, que es a la vez imponente y consoladora, que desde dentro, nos otorga la gracia que sobrepasa todo entendimiento?

Nosotros, los habitantes del Occidente moderno, por fin estamos preparados para buscar y escuchar la voz que la India ya ha escuchado. Pero, como el cachorro de tigre, debemos escucharla, no del maestro, sino de nosotros mismos.

Así como en el período de la deflación de los dioses revelados del panteón védico, hoy el cristianismo revelado ha sido devaluado. El cristiano, como dice *Nietzsche*, es un hombre que se comporta como los demás. Nuestras profesiones de fe, ya no tienen ninguna influencia perceptible ni en nuestra conducta pública ni en nuestro estado privado de esperanza. Los sacramentos no obran en muchos de nosotros su transformación espiritual; estamos despojados y sin saber adónde acudir. Mientras tanto, nuestras filosofías académicas seculares se preocupan más por la información, que por esa transformación redentora que requieren nuestras almas. Y esta es la razón por la que una mirada al rostro de la India, puede ayudarnos a descubrir y recuperar algo de nosotros mismos.

El objetivo básico de cualquier estudio serio del pensamiento oriental debe ser, no sólo la recopilación y examen de la mayor cantidad posible de información interna detallada, sino la recepción de alguna influencia significativa. Y para que esto suceda, en la línea de la fábula del macho cabrío amamantado, que descubrió que era un tigre, debemos tragar la carne de la enseñanza tan roja y cruda como podamos soportarla, no demasiado cocida en el calor de nuestro arraigado intelecto occidental (y en ningún caso, de ninguna lata de salmuera filológica), pero tampoco cruda del todo, porque entonces resultaría desagradable y quizás indigerible. Hay que tomarla poco hecha, con muchos jugos rojos a borbotones, para que realmente la saboreemos, con cierta sorpresa. Entonces nos uniremos, desde nuestra distancia transoceánica, al rugido selvático de la sabiduría de la India, que se extiende por todo el mundo.

2. La punta de acero

Antes de entrar al estudio de la filosofía, debes hecerte la siguiente pregunta:

¿Qué es lo que realmente espero de la filosofía?

Porque hay muchas personas que en realidad son temerosas y se resisten de forma natural a sus revelaciones. Que consideran a la filosofía como algo difícil de disfrutar, ocasionalmente emocionante, pero en general, algo abstracto y sin aparente valor práctico. Para tales personas, la *metafísica*[1] es una tontería vaga y elevada, sólo apta para dar vértigo y para los mal informados, sus especulaciones descontroladas, incluso son contrarias a los descubrimientos de la ciencia moderna, habiendo sido desacreditadas por las publicaciones de los pensadores más recientes.

Las nuevas hipótesis de trabajo, han comenzado a disipar los misterios del universo y de la existencia del hombre. Mediante cálculos basados en una experimentación sobria, controlada y verificados, no sólo en los hechos del laboratorio, sino también a través de las técnicas aplicadas de la vida cotidiana, los misterios tradicionales de los místicos, se van disipando sistemáticamente. La *Eucaristía* se ha transmutado de nuevo en pan y así, aunque se pueda conceder a la filosofía lo que le corresponde, en la medida en que esté subordinada a la civilización y siga los hábitos habituales de la mente moderna, no puede tomarse en serio, si entra en conflicto con las formulaciones actuales de la ciencia física o recomienda un modo diferente de conducta de la que hoy generaliza el progreso universal de la técnica.

1. Metafísica (Del griego meta, sobre, más allá y phisica, las cosas del mundo material externo). Traducir esta palabra en el sentido de "más allá de la naturaleza", o sobrenatural, es olvidar el espíritu y atenerse a la letra muerta, puesto que es más bien fuera de lo natural, visible o concreto. La metafísica, en ontología y filosofía, es el término corriente para designar aquella ciencia que trata del ser real y permanente, en contraposición al ser irreal, ilusorio o fenomenal. (Glosario de la Clave de la Teosofía, ed. ELA). La Metafísica se ha representado bajo la figura de una matrona, que, como reina de las ciencias, lleva un cetro en la mano; contempla un globo celeste adornado de estrellas; lleva una venda en los ojos, dispuesta de manera que, sin privarla de la luz de lo alto, le impide sólo mirar hacia abajo el globo de la tierra, sobre el cual está apoyada y que cubre en parte con su ropaje, para ocuparse sólo en contemplaciones más elevadas.

La *metafísica* y las meditaciones tan aireadas, como las de la filosofía, de la historia y la religión, suelen tolerarse sensiblemente como un elegante adorno de la educación, pero no son de ninguna utilidad vital. Las mentes del tipo representado por esta forma de cerebración "apotropaica"[1] actualizada, enseñan la filosofía como una síntesis de información científica y rechazan todo lo que no se puede vincular a este contexto.

Se preocupan por controlar y armonizar los hallazgos de los diversos campos de investigación, delinear un patrón integral y formular principios metódicos, sin invadir la autoridad del especialista: el investigador en contacto directo con el microbio, el asterismo o el reflejo condicionado; pero en cuanto a los *métodos, objetivos* y las llamadas *verdades* de cualquier otro sistema de pensamiento; estos son rechazados o considerados como las curiosas y anticuadas premisas de un mundo superado.

Hay, sin embargo, otro tipo de pensador moderno, diametralmente opuesto y a veces, abiertamente antagónico al anterior, que abriga la esperanza de que la filosofía contemporánea, algún día le pronuncie una palabra algo diferente de las comunicaciones que le llegan continuamente de todos los departamentos del extenso taller científico. Recorriendo los laboratorios como un estudiante que busca, mirando a través de los diversos instrumentos, tabulando, clasificando y cansándose de la infinidad de respuestas minuciosamente especializadas a preguntas concretas, está buscando una respuesta a alguna pregunta que los investigadores parecen no responder o no preocuparse por ella y que los filósofos comprehensivos están evitando sistemáticamente. Lo que busca es algo que está más allá del razonamiento crítico, algo que alguien con la mente adecuada, debería haber comprendido intuitivamente como una *Verdad* (con V mayúscula) sobre la existencia del hombre y la naturaleza del cosmos; algo que pueda atravesar el pecho y perforar el corazón como lo que Baudelaire llamó: *"la punta de acero del infinito"*. Lo que necesita es una filosofía que confronte y resuelva la tarea que alguna vez realizó la religión[2] y esta es una necesidad de la cual ningún número de colegios, sobre la validez de la inferencia, puede quitarle.

La filosofía como sirvienta de la investigación empírica, el pensamiento con las anteojeras de los estándares de la ciencia contemporánea y la metafísica abierta a la crítica racional de todos lados, en una palabra, la razón infalible: este es el ideal y la exigencia del pensador práctico. Mientras que

---

1. Apotropaica: término utilizado en antropología e historia de las religiones, para referirse generalmente a un rito o a una fórmula, figura o escultura decorativa, cuya finalidad es proteger y rechazar el mal alejándolo o espantándolo o bien propiciando el bien.

2. La Teosofía, que busca la Verdad, ha sido una de las respuestas de los occidentales a esta búsqueda, una vez estudiados y analizados los sistemas de creencias hindúes y orientales,

el otro, simplemente no está convencido por todas las búsquedas y descubrimientos plausibles. Tampoco está dispuesto a aceptar el reproche de ser algo misterioso en sus exigencias personales. No pide que una filosofía sea comprensible para todos los contemporáneos sensatos; lo que quiere es una respuesta, o aunque sólo sea, la insinuación de una respuesta a las preguntas primarias de su mente.

Los sabios de la India se ponen del lado del segundo de estos dos puntos de vista. Nunca han tenido la intención de que sus enseñanzas fueran populares. De hecho, solo en los últimos años sus palabras se han vuelto generalmente accesibles a través de los textos impresos y sus traducciones a las lenguas populares. Primero insisten en determinar si el candidato que solicita entrar o es admitido en el "sancta sanctorum", posee las calificaciones espirituales necesarias para su filosofía: ¿Ha cumplido con las disciplinas preliminares? ¿Está maduro para beneficiarse de un contacto con el gurú? ¿Merece ocupar un lugar a los pies del gurú? Porque las soluciones de los sabios indios a los enigmas de la vida y sus enfoques del misterio del universo, se elaboran siguiendo unas líneas completamente diferentes de las que siguen los líderes de la investigación y la educación modernas. Por ese motivo, no niego, ni me disculpo por el hecho de que sus enseñanzas sean difíciles de comprender y por lo tanto, necesariamente *esotéricas*[1].

¿Cuáles son los requisitos específicos para que el alumno indio (*adhikarin*) esté calificado para especializarse en uno u otro de los departamentos tradicionales de aprendizaje?

Ahora los veremos, pero primero, presentaré este tema por medio de dos anécdotas entretenidas, sobre los ensayos y las pruebas preliminares de los alumnos indios. Estas anécdotas demostrarán que aun cuando un candidato se haya probado a sí mismo y haya sido aceptado como un *adepto*, con derecho a ser instruido, no debe suponerse que ya está maduro para comprender, incluso los principios más primarios de la sabiduría de la *Verdad*. Su carácter superior y sus logros (aunque de un orden desconocido para la multitud o incluso para la minoría normal privilegiada) no son de ninguna manera una protección adecuada contra las trampas y los peligros curiosos del camino engañoso hacia la meta oculta de la *Verdad*.

El primer relato, que se refiere a un rey que había sido aceptado como alumno por el famoso filósofo vedanta *Sankara* (788-820 ó 850 d. de C.), nos dará una idea de la excelsa elevación de las concepciones básicas de la

1. Esotérico. Oculto, secreto. Voz derivada del griego esotéricos, "interno", "recóndito". Esotérico es lo que se oculta a la generalidad de la gente y se revela sólo a los iniciados; en contraposición a exotérico (público o externo).

tradición clásica de la filosofía de la India y nos ilustrará sobre su incompatibilidad con el sentido común[1]. Son revelaciones de "la otra orilla", de "más allá del Jordán" o como lo expresa la tradición budista *Mahayana*: son pistas de la "Sabiduría Trascendental de la Orilla Lejana" (*prajña-paramita*), reflejos de más allá de estas amplias, salvajes y turbulentas aguas de la corriente de la vida, que se cruzarán en el bote (*yana*) de la práctica esclarecedora de las virtudes budistas. La meta suprema de la investigación, la enseñanza y la meditación humana, no será la descripción detallada de la costa que está más allá, sino el transporte a la tierra que está más allá -a través de la transformación-. Este es el ideal con el que se ponen de acuerdo todas las grandes filosofías de la India".

La doctrina *vedanta*, tal y como fue sistematizada y expuesta por *Sankara*, encierra un concepto bastante desconcertante, a saber, el de *Maya*. *Maya*[2] denota el carácter insustancial y fenoménico del mundo observado y manipulado, así como de la mente misma: la conciencia e incluso de las

1. Sankara, también conocido por Shankara Acharia, (acharia significa maestro), fue un sabio y filósofo hindú de finales del siglo VIII, al que se le considera uno de los pilares de la doctrina Vedanta Advaita. Viajó por todo el subcontinente indio para propagar su filosofía a través de discursos y debates con otros pensadores, fundando cuatro Mathas (monasterios) y diez órdenes monásticas, hecho que ayudó mucho al desarrollo, resurgimiento y propagación del Vedanta Advaita. Organizó la Dashanami (orden monástica) y el fundó la Shanmata (tradición de culto). El Vedanta Advaita ("no-dualidad") es considerado como un sistema monista de pensamiento, siendo la escuela que ha conservado con mayor fidelidad la filosofía de la India. La palabra Vedanta está compuesta por el término sánscrito: veda 'conocimiento o sabiduría' y anta: 'final o conclusión'. La palabra "Advaita" se refiere a la identidad del Ser (Atman) y el Todo (Brahman). El Vedanta Advaita sostiene que la única entidad inmutable (Brahman) existe por sí sola y que las entidades cambiantes no tienen existencia en absoluto, igual que las olas del mar no tienen existencia separadas del océano. Los textos esenciales para las escuelas de Vedanta son los Upanishads, el Bhagavad Gita y los Brahma Sutras, textos que fueron todos comentados por Sankara. Sus enseñanzas se pueden resumir en tres puntos: 1. El Absoluto (Brahman) es la realidad. 2. El mundo es una ilusión (Maya). 3. El alma encarnada (Jiva) no es diferente del Absoluto (Brahman), es Brahman. Sostiene que no hay diferencia entre el experimentador y lo experimentado (el mundo), así como con el espíritu universal (Brahman) y que sólo a través del conocimiento directo (Jnana) se puede tener conciencia de Brahman. En esta editorial se ha publicado su obra más fundamental: "Viveka Chudamani" (la joya suprema del discernimiento), que es un poema sánscrito, donde se expone la filosofía del Vedanta Advaita en forma de 580 versos. Describe el desarrollo de "Viveka", la facultad humana de la discriminación, como la tarea central de la vida espiritual y uno de los elementos esenciales para Moksha (la Liberación).
2. Maya (Sánscrito): Ilusión. El poder cósmico que hace posibles la existencia fenomenal y las percepciones de la misma. Según la filosofía india, sólo aquello que es inmutable y eterno merece el nombre de realidad; todo aquello que está sujeto a cambio por decaimiento y diferenciación y que, por lo tanto tiene principio y fin, es considerado como mâya: ilusión. El poder ilusionante, la mágica potencia del pensamiento, capaz de crear formas pasajeras o ilusorias y por el que tiene existencia el mundo fenomenal. La potencia creadora mediante la cual el universo llega a la manifestación. Según la filosofía Vedanta, todo el universo visible no es más que una gran ilusión (mahâ-mâyâ), puesto que tiene principio y fin y está sujeto a incesantes cambios; así como la única realidad es el Espíritu, por ser eterno e inmutable.

estratificaciones y poderes subconscientes de la personalidad. Es un concepto que ocupa una posición clave en el pensamiento y la enseñanza vedanta y si se malinterpreta, puede llevar al alumno a la conclusión de que el mundo externo y su ego, están desprovistos de toda cualidad, son meras nulidades, "como los cuernos de una liebre". Este es un error común en las primeras etapas de la instrucción, corregirlo, mediante un vívido ejemplo, es el propósito de innumerables anécdotas cómicas contadas sobre los *adhikarins* indios y sus gurús.

El rey de la presente historia, que se convirtió en alumno del filósofo *Sankara*, era un hombre de mente sana y realista, que no podía superar el hecho de su propio esplendor real y de su personalidad augusta.

Cuando su maestro le indicó que considerara todas las cosas, incluido el ejercicio del poder y el disfrute del placer real, como nada más que reflejos igualmente indiferentes (puramente fenoménicos) de la esencia trascendental que era el Sí mismo (*Atman*), no sólo de sí mismo sino de todas las cosas, él sintió cierta resistencia. Y cuando le dijeron que ese solo y único Sí mismo (*Atman*), parecía múltiple por la fuerza engañosa de su propia ignorancia innata, decidió poner a prueba a su gurú y probar si se comportaría como una persona absolutamente despreocupada.

"El filósofo entraba por uno de los majestuosos accesos al palacio, para dar su clase al rey, cuando un elefante grande y peligroso, enloquecido por el calor, se escapó y pasó cerca de él. Sankara dio media vuelta y huyó en el momento en que percibió el peligro y cuando el animal casi le pisaba los talones, desapareció de su vista. Al pasar el peligro, a Sankara le encontraron, subido en lo alto de una gran palmera, a la que había subido con una destreza más habitual entre los marineros que entre los intelectuales.

El elefante fue capturado, encadenado y conducido de regreso a los establos y el gran *Sankara*, con el sudor brotando de cada poro de su piel, se presentó ante su pupilo.

Cortésmente, el rey se disculpó con el maestro de la sabiduría críptica por el incidente desastroso y casi definitivo y luego, con una sonrisa apenas disimulada y medio fingiendo una gran seriedad, preguntó por qué el venerable maestro había recurrido al vuelo físico, ya que debe haber sido consciente de que el elefante era de un carácter puramente ilusorio, fenoménico.

El sabio respondió:

- "Ciertamente, en la más alta verdad, el elefante no es real. Sin embargo, tú y yo somos tan irreales como ese elefante. Sólo tu ignorancia, nublando la verdad con este espectáculo de lo irreal fenoménico, te hizo verme fenoménico subiendo a un árbol irreal".

La segunda anécdota también gira en torno a la innegable impresión física que produce un elefante; esta vez, sin embargo, el *adhikarin* es un buscador muy serio, que adopta precisamente la actitud opuesta a la del rey materialista. *Sri Ramakrishna* solía contar a menudo esta historia para ilustrar el misterio de *Maya*. Es un ejemplo acertado, sorprendente y memorable, tocado con el suave humor característico de tantas narraciones populares indias.

"Un anciano gurú -así lo escuchamos- estaba a punto de concluir las lecciones secretas, que había estado dando a un alumno avanzado sobre la omnipresencia de la divina Persona Espiritual.

- "Todo" -decía el sabio viejo profesor, mientras su discípulo le escuchaba lleno de la dicha del aprendizaje- "es Dios, el Infinito, puro y real, ilimitado y más allá de los pares de opuestos, desprovisto de cualidades diferenciadoras y de las distinciones limitantes. Ese es el significado final de todas las enseñanzas de nuestra santa sabiduría".

El alumno lo entendió.

- "Dios" –respondió- "es la única realidad. Ese Divino Uno puede encontrarse en todo, sin ser afectado por el sufrimiento ni por ninguna falta. Cada Tú y Yo es Su morada, cada forma es una figuración oscurecedora dentro de la cual ese único e inactivo El activador habita".

Estaba eufórico, una ola de sentimiento le recorría tremendamente y se sentía luminoso e inmenso, como una nube que aumentando, va llenando el firmamento. Cuando caminaba, ahora, lo hacía con agilidad y sin peso. Sublime, como la única nube, en la soledad que todo lo impregna, caminaba, manteniéndose en el medio del camino, cuando un enorme elefante vino en dirección opuesta.

Mientras, el *mahout* o conductor, montado en el cuello de un elefante, gritaba:

- "Despejen el camino".

Y las numerosas campanas tintineantes del cobertor del gran animal, resonaban con un repique plateado al ritmo de su paso suave e inaudible. El estudiante de la ciencia del *Vcdanta*, exaltado, aunque lleno de sentimiento divino, escuchó y vio la llegada del elefante. Y se dijo a sí mismo:

- "¿Por qué debo dejar paso a ese elefante? Yo soy Dios. El elefante es Dios. ¿Debe Dios tener miedo de Dios?".

Y así, sin miedo y con fe, siguió en medio del camino.

Pero cuando Dios llegó hasta a Dios, el elefante balanceó su trompa alrededor de la cintura del pensador y le arrojó fuera del camino, aterrizando con fuerza en el suelo. Fue un pequeño lanzamiento, pero con un gran impacto.

Cubierto de polvo, cojeando, magullado y con la mente inquieta, volvió donde el maestro y le contó su confusa experiencia.

El gurú, le escuchó serenamente y cuando le contaba la primera parte de la historia, simplemente respondió:

- "Ciertamente, tú eres Dios y también lo es el elefante. Pero ¿por qué no escuchaste la voz de Dios que te llamaba desde el *mahout*, que también es Dios, para que despejaras el camino?".

Hasta un punto, el pensamiento filosófico real, debe ser siempre difícil de captar en toda la gama de sus implicaciones. A pesar de que se expresa con total claridad y la más precisa consistencia lógica, sigue siendo difícil de alcanzar. Si las palabras de *Platón* y *Aristóteles*, por ejemplo, hubieran sido finalmente dominadas por sus intérpretes durante los siglos que han transcurrido desde su primera expresión inspirada, ciertamente no serían los temas vitales del debate y la investigación, siempre renovados y apasionados, que siguen siendo hasta este momento. Una verdad profunda, aunque comprendida por el intelecto más penetrante y expresada en términos precisos, se leerá de manera contradictoria durante períodos posteriores. Aparentemente asimilada e integrada, seguirá siendo una fuente de descubrimientos nuevos y sorprendentes para las generaciones venideras.

En la antigüedad, poseían los textos completos de *Heráclito*, no sólo los pocos fragmentos escasos y las referencias perdidas que nos han llegado hasta nuestros días y sin embargo, se le conocía incluso entonces, como el "oscuro". Y es, sin embargo, el primer maestro de la literatura occidental de la frase mordaz y del aforismo sucinto y cristalino.

Se cuenta que *Hegel*, el más elevado y poderoso de los filósofos románticos, a la vez claro y críptico, abstracto y realista, estaba siendo consolado por uno de sus alumnos cuando yacía en su lecho de muerte en 1831, prematuramente atacado por el cólera. El consolador era uno de sus más íntimos amigos y distinguidos seguidores y buscaba tranquilizar al maestro diciéndole que, si se lo llevaban antes de completar su gigantesca obra enciclopédica, quedarían sus fieles discípulos para continuar.

Hegel, sereno como el silencio antártico, a punto de morir, sólo levantó un poco la cabeza.

- "Tuve un alumno que me entendió" -se le oyó murmurar-.

Y mientras todos los presentes se pusieron atentos para oír al venerado maestro pronunciar el nombre, su cabeza volvió a descansar sobre la almohada.

- "Un alumno" -prosiguió- "que me entendió y me entendió mal".

Las anécdotas de este tipo, no tienen porqué ser literalmente ciertas. Son una especie de guión pictórico burlón, sin embargo, suelen reflejar algo de la verdad.

Las biografías sobre la vida de *Plutarco,* son en gran parte fábulas de este tipo, contadas sobre los hombres famosos del mundo antiguo y como los cuentos hindúes, agudizan el punto de lo que es verdad.

La filosofía occidental, tal y como se desarrolló a través de la larga y majestuosa serie de sus distinguidos maestros, desde *Pitágoras* hasta *Empédocles* y *Platón*, desde *Plotino* y los pensadores *neoplatónicos* hasta los *místicos* de la Edad Media y de nuevo en *Spinoza* y *Hegel,* se ocupa de problemas que van más allá de la esfera del sentido común, que sólo pueden expresarse en fórmulas difíciles y crípticas y mediante la paradoja. La filosofía india, hace lo mismo. Los pensadores orientales son tan plenamente conscientes, como los occidentales, del hecho de que los medios ofrecidos por la mente y los poderes de la razón, no son adecuados para el problema de captar y expresar la Verdad.

El pensamiento está limitado por el lenguaje. El pensar es una especie de charla interior muda. Lo que no se puede formular en las palabras o símbolos actuales de la tradición dada, no existe en el pensamiento actual. Y requiere, por lo tanto, un esfuerzo creativo específico por parte de una mente audaz y ferviente, para llegar a lo que no se dice, para verlo en lo absoluto y luego otro esfuerzo por traerlo de regreso al campo del lenguaje, al acuñar un término. Desconocida, sin nombre, inexistente, por así decirlo y sin embargo, verdaderamente existente, la *Verdad* debe ser conquistada, encontrada y llevada de regreso a través del cerebro al habla, donde, inevitablemente, se extraviará nuevamente de inmediato.

Las posibilidades del pensamiento, práctico o no, en cualquier período, están así rígidamente limitadas por el alcance y la riqueza de la acuñación lingüística disponible: el número y alcance de los sustantivos, verbos, adjetivos y enlaces. La totalidad de esto, se denomina, en la filosofía india, *"naman"* (en latín *nomen*, en inglés: "*name*", en castellano: *nombre*). La sustancia misma sobre y por la cual opera la mente cuando piensa, consiste en este nombre-tesoro de nociones. *Naman*, es el reino interno de los conceptos, que corresponde al reino externo de las "formas" percibidas, el término sánscrito para este último es *"Rupa"*, "forma", "estado", "color" (porque no hay formas sin color). *Rupa* es la contraparte externa de *Naman; Naman* es el interior de *Rupa*. Por lo tanto, *Nama-rupa* denota, por un lado, al hombre, el individuo que piensa y experimenta, el hombre dotado de mente y sentidos y por el otro, a todos los medios y objetos del pensamiento y la percepción. *Namarupa* es el mundo entero, subjetivo y objetivo, tal y como se observa y se conoce[1].

Ahora bien, todas las escuelas de filosofía india, aunque muy divergentes en sus formulaciones de la esencia de la verdad última o realidad básica, son unánimes al afirmar que el objeto último del pensamiento y la meta final del conocimiento se encuentran más allá del alcance de *Namarupa*. Tanto el hinduismo *vedanta,* como el *budismo mahayana*[2], insisten constantemente en la inadecuación del lenguaje y del pensamiento lógico para la expresión y comprensión de sus sistemas.

De acuerdo con la fórmula *vedanta* clásica, el factor fundamental responsable del carácter y los problemas de nuestra conciencia normal del mundo diurno, la fuerza que construye el ego y lo lleva a confundirse a sí mismo y a sus experiencias con la realidad, es la "ignorancia, la nesciencia" (*avidya*)[3]. Esta ignorancia no debe describirse como "ser o existente" (*sat*)[4], ni como "no ser o inexistente" (*a-sat*)[5], sino como "inefable, inexplicable,

1. Rupa o Rûpa (Sánscrito). Cuerpo; una forma cualquiera. Forma, figura, cuerpo, imagen, aspecto exterior, apariencia, color; naturaleza, natural, carácter, condición; representación; señal; particularidad; circunstancia; belleza; idea. Kâmarûpa: forma causada por el deseo. Mâyâvi-rûpa: forma ilusoria causada por la voluntad y la imaginación de una persona que conscientemente proyecta su propio reflejo astral, como el de cualquier otra forma. Es lo opuesto a Arûpa (Sánscrito). "Sin forma", "incorpóreo"; en contraposición a rûpa: forma, cuerpo. Nâman (Sánscrito): Nombre, título, designación. ("Glosario Teosófico", de H. P. Blavatsky, editorial ELA).
2. Mahayana (Sánscrito). Nombre de una escuela de filosofía búdica. Literalmente: "gran vehículo". Sistema místico fundado por Nâgârjuna. Sus libros fueron escritos en el siglo segundo a. de C. Las escuelas mahâyanas son "contemplativas".
3. Avidya (Sánscrito). Lo opuesto a vidya (conocimiento). Ignorancia originada y producida por la ilusión de los sentidos o Viparyaya [error de juicio, falso concepto]. Nesciencia, error, falso conocimiento, falta de conocimiento. Uno de los cinco Klezas y de los doce nidânas de los budistas.
4. Sat (Sánscrito). La única siempre presente Realidad en el mundo infinito; la Esencia divina que es, pero de la cual no se puede decir que existe, por cuanto es la Absolutidad, la Seidad misma. En general, sat significa ser, existencia, esencia, realidad, lo real; el mundo real; bien, bondad, pureza, verdad, cualquiera cosa buena o útil; Âtman, lo Absoluto. Como adjetivo: existente, real, presente, viviente; verdadero, bueno, puro, justo, armónico, útil, provechoso, excelente, respetable, etc.
5. Asat [a-sat] (Sánscrito). Término filosófico que significa "no-ser", o más bien, no-seidad. "La nada incomprensible". Sat, lo inmutable, eterno, siempre presente y lo real "Seidad" (y no "Ser", como quieren algunos), es explicado como siendo "nacido de Asat y Asat engendrado por Sat." Lo irreal, o Prakriti, la Naturaleza objetiva considerada como una ilusión. La Naturaleza, o la sombra ilusoria de su única verdadera esencia. Asat "no ser", a-sat, no es simplemente la negación de sat; tampoco es "lo que aún no existe", porque sat no es, en sí mismo, ni lo "existente" "ni el ser". Es lo opuesto a sat (ser, realidad).

indescriptible" (*a-nirvacaniya*)[1]. Porque si fuera "irreal, inexistente", según este argumento, no tendría la fuerza suficiente como para vincular la conciencia a las limitaciones del individuo y ocultar del ojo interior del hombre, la realización de la realidad inmediata del Sí mismo, que es el único Ser. Pero, por otro lado, si fuera "real", de absoluta indestructibilidad, entonces no podría ser disipada tan fácilmente por el conocimiento (*vidya*)[2]. El Sí mismo (*Atmam*) nunca habría sido descubierto como el sustrato último de todas las existencias y no habría ninguna doctrina del *vedanta* capaz de guiar el intelecto hacia la iluminación.

No se puede decir que la "ignorancia" sea, porque cambia. La transitoriedad es su carácter mismo y esto lo reconoce el buscador en el momento en que trasciende su embrujo engañoso. Su forma es "la forma del devenir" (*bhava-rupa*)[3], efímera, perecedera, conquistable. Y, sin embargo, esta "ignorancia" en sí misma difiere de los fenómenos transitorios específicos dentro de su ámbito, porque ha existido, aunque siempre cambiando, desde tiempos inmemoriales. De hecho, es la raíz, la causa misma y la sustancia del tiempo. Y la paradoja es que, aunque sin principio, puede tener un final. Porque el individuo, atado por ella a la ronda eterna de los *renacimientos* y sujeto a lo que popularmente se llama la *ley de la trasmigración de la vida-mónada o alma,* puede tomar conciencia de toda la esfera de la "ignorancia", como existencia de ninguna realidad final, simplemente por un acto de conciencia interior (*anubhava*) o por un momento de realización sin complicaciones, "Soy nesciente" (*aham ajna*).

La filosofía india, insiste en que la esfera del pensamiento lógico, está muy por encima de la de las posibles experiencias de la realidad de la mente. Para expresar y comunicar los conocimientos adquiridos en momentos de intuición trascendente con la gramática, se deben utilizar metáforas, símiles y alegorías. Éstos no son entonces meros adornos, accesorios prescindibles, sino los vehículos mismos del significado, que no pueden traducirse y nunca podrían haber sido alcanzados, a través de las fórmulas lógicas

---

1. A-nirvacaniya o Anirvachanîya (Sánscrito): Indescriptible, indefinible.
2. Vidya (Sánscrito). Saber, conocimiento oculto. Hay cuatro Vidyâs que forman parte de las siete ramas del saber mencionadas en los Purânas y son: Yajña Vidyâ, o sea la práctica de los ritos religiosos con el objeto de producir ciertos resultados; Mahâ Vidyâ, el gran conocimiento mágico, actualmente degenerado en culto tântrika; Guhya Vidyâ, la ciencia de los mantras con su verdadero ritmo y entonación, de los encantamientos místicos, etc., y Âtmá Vidyâ, la sabiduría verdaderamente espiritual y divina. (Ver "La Doctrina Secreta, tomo I", págs. 38, 210, 231 y 237, edición de ELA).
3. Bhava-rupa: De Bhâva (Sánscrito). Ser, existencia, substancia, ser real, ser viviente, criatura; producción, nacimiento; forma o modo de ser, estado o condición de existencia; vida; disposición, naturaleza, carácter; ánimo, corazón; emoción, etc. y Rupa o Rûpa (Sánscrito). Cuerpo; una forma cualquiera.

del pensamiento verbal normal. Las imágenes significativas pueden comprender y poner de manifiesto con claridad y consistencia pictórica, el carácter paradójico de la realidad conocida por el sabio: una realidad translógica que, expresada en el lenguaje abstracto del pensamiento normal, parecería inconsistente, auto-contradictoria o incluso absolutamente sin sentido. La filosofía india, por lo tanto, se vale francamente de los símbolos e imágenes del mito y finalmente no está en desacuerdo con los patrones y el sentido de la creencia mitológica.[1]

Los filósofos críticos griegos anteriores a *Sócrates*, los pensadores *presocráticos* y los *sofistas,* prácticamente destruyeron su tradición mitológica nativa. Su nuevo enfoque de la solución de los enigmas del universo y de la naturaleza y el destino del hombre, se ajustaba a la lógica de las nacientes ciencias naturales, las matemáticas, la física y la astronomía. Bajo su poderosa influencia, los antiguos símbolos mitológicos degeneraron en meros temas elegantes y divertidos para las novelas, poco mejores que los chismes de la sociedad sobre las complicadas aventuras amorosas y las peleas de la clase alta celestial. Sin embargo, en la India, ocurrió al contrario, allí la mitología nunca dejó de apoyar y de facilitar la expresión del pensamiento filosófico.

La rica escritura pictórica de la tradición épica, los rasgos de las divinidades cuyas encarnaciones y hazañas constituyeron el mito, los símbolos de la religión, tanto popular como esotérica, se prestaron, una y otra vez, al propósito de los maestros, convirtiéndose en los receptáculos de su experiencia renovadora de la verdad y en los vehículos de su comunicación. De

---

1. De ahí la importancia de los cuentos, relatos y pequeñas historias en todas las tradiciones orientales. Mientras que en Occidente nos hemos dedicado más al desarrollo material, en Oriente se ha preservado más las tradiciones espirituales. Los cuentos y pequeños relatos, son una herramienta ideal para transmitir el conocimiento y sirven como instrumentos para ayudarnos a comprender las cosas. Nos ayudan a vernos reflejados en las situaciones que se plantean, sin sentirnos intimidados por la presión de esta situación, ya que no nos afecta directamente. Los cuentos hindúes, japoneses, sufis, zen, etc., son muy respetados en todo Oriente como vehículos de conocimiento y no solo como obras literarias y como tales llegaron a occidente a través de la forma de fábulas y posteriormente como cuentos fantásticos. Y esto es debido a que los cuentos hacen funcionar los dos hemisferios de nuestro cerebro a la vez, nos obligan a analizar las situaciones y a colocarlas en el espacio buscando soluciones y nos ayudan a desarrollar la intuición para centrarnos en el presente. La espiritualidad de la India es una espiritualidad viviente y sus enseñanzas se han ido transmitiendo de maestro a discípulo desde la noche de los tiempos. Sus relatos y cuentos, son bellas historias para niños y adultos, que son siempre adogmáticas, encantadoras y sutiles. También, el método de las historias zen, pasan más por desconcertar, excitar, intrigar y a veces hasta agotar al intelecto. Por eso, las historias zen, resultan de gran ayuda, para hacer al enemigo intelectual chocar contra un muro, tras lo cual, es más fácil que aparezca la felicidad y la iluminación. Los cuentos taoístas actúan de forma similar a los zen, pero para entenderlos mejor, es necesario tener algo de conocimiento de su filosofía, plasmada en el Tao Te King. En esta editorial, podrán encontrar una gran variedad de estos cuentos orientales: hindúes, japoneses, sufis y zen, (www.libreriaargentina.com).

esta manera se efectuó una cooperación de lo último y lo más antiguo, lo más alto y lo más bajo, una maravillosa amistad entre la mitología y la filosofía y esto se ha sostenido con tal resultado, que todo el edificio de la civilización india está imbuido de este significado espiritual.

La estrecha interdependencia y la perfecta ionización de la mitología y de la filosofía, sirve para contrarrestar la tendencia natural de la filosofía india a volverse recóndita y esotérica, apartada de la vida y de la tarea de la educación de la sociedad. En el mundo hindú, el folklore y la mitología popular, llevan las verdades y las enseñanzas de los filósofos a las masas. En esta forma simbólica, las ideas no tienen que diluirse para popularizarse. La escritura pictórica vívida y perfectamente apropiada preserva las doctrinas sin el menor daño a su sentido.

La filosofía india es básicamente escéptica de las palabras, escéptica de su idoneidad para representar el tema principal del pensamiento filosófico y por lo tanto, muy cautelosa al tratar de llevar a una fórmula puramente intelectual, la respuesta al enigma del universo y de la existencia del hombre.

"¿Qué es todo esto que me rodea, este mundo en el que me encuentro?

¿Qué es este proceso que me lleva, junto con la tierra?

¿De dónde ha procedido todo?

¿Hacia dónde tiende?

¿Y cuál debe ser mi papel, mi objetivo, en medio de este desconcertante drama, que quita el aliento, en el que me encuentro involucrado?".

Ese es el problema básico en la mente de los hombres, cuando comienzan a filosofar y antes de que reduzcan sus aspiraciones a las cuestiones de la metodología y a la crítica de sus propias facultades serviles y sensuales.

"Todo esto a mi alrededor y mi propio ser": esa es la red de enredo llamada *Maya*, el poder creativo del mundo. *Maya* manifiesta su fuerza a través del universo rodante y las formas evolutivas de los individuos. Comprender ese secreto, saber cómo funciona y trascender, si es posible, su hechizo cósmico, rompiendo hacia afuera a través de las capas de apariencia tangible y visible y simultáneamente hacia adentro, a través de todas las estratificaciones intelectuales y emocionales de la psique, ésta es la búsqueda concebida por la filosofía india, como la tarea humana primaria y finalmente innegable.

3. Las afirmaciones de la ciencia

Cuando yo era estudiante, el término "filosofía india" solía considerarse contradictorio, una "contradictio in adjecto", comparable a un absurdo como "un acero de madera".

La "filosofía india" era algo que simplemente no existía, como un "nido de yeguas" o como dicen los lógicos hindúes, como los "cuernos de una liebre" o el "hijo de una mujer estéril". Entre todos los profesores que ocupaban las cátedras permanentes de filosofía en ese momento, solo había un entusiasta solitario, un seguidor de *Schopenhauer*, el viejo *Paul Deussen[1]*, que regularmente impartía conferencias sobre la filosofía india. Por supuesto, que hasta cierto punto, los orientalistas proporcionaban alguna información mediante la redacción de textos, quizás con la ayuda de algún alumno solitario; pero nunca se molestaron en investigar la cuestión de si existía algo como la "filosofía india". Todo lo que encontraban en sus documentos, lo interpretaban sobre una base filológica y luego pasaban a la línea siguiente. Mientras tanto, los profesores de filosofía acordaban unánimemente -algunos con cortesía, otros con descortesía- que la filosofía, en el sentido estricto del término, sencillamente no existía fuera de Europa. Y como veremos enseguida, esta era una actitud no exenta de cierta justificación técnica.

1. Paul Jakob Deussen, fue un indólogo alemán y profesor de filosofía en la Universidad de Kiel. Se educó en las universidades de Bonn, Tubinga y Berlín y escribió su disertación sobre la filosofía de Platón. Fuertemente influenciado por Arthur Schopenhauer, Deussen era amigo de Friedrich Nietzsche y de Swami Vivekananda (ver nota anterior, en página 21). Cuando asistía a una conferencia en la Universidad de Bonn, impartida por el profesor Christian Lassen, sobre Shakuntala, la hija de la apsará (ninfa acuática) Menaka, que sedujo por una noche al sabio Vishuamitra (historia que se narra en el Mahabharata), Deussen se sintió entusiasmado por el sánscrito y el hinduismo. La primera publicación de Deussen fue: "Los elementos de la metafísica", seguida por las traducciones de "El Sutra del Vedanta", "La Filosofía de los Upanishads" y "El sistema del Vedanta" (reeditado varias veces). Su viaje a la India, se publicó como "My Indian Reminiscences". Deussen, quien cambió su nombre por transcripción en sánscrito: "Deva-Sena", como señal de su admiración por este idioma, es uno de los distinguidos europeos que, a menudo con admiración lírica, participaron en el descubrimiento académico occidental del sánscrito y del hinduismo, que tuvo lugar en la India británica, Alemania, Francia e Inglaterra. Su erudición ha sido descrita como inmensa, perspicaz y meticulosa y fue uno de los artífices de la revelación en Europa de la riqueza del hinduismo a través de la traducción de documentos sánscritos.

Pero, un grupo de historiadores estaba desarrollando en ese momento una visión más amplia e inspiradora de la historia de las ideas y de la evolución de la mente humana. El principal de ellos fue *Wilhelm Dilthev*. Tales hombres sintieron la necesidad, aunque les faltó la habilidad, de incorporar las filosofías de India y de China, por lo menos, en cualquier obra que pretendiera ser una historia universal del pensamiento humano. Argumentaron, como se ha admitido generalmente desde entonces, que si un pensador del orden de *Hobbes,* debe ser admitido en su lista de mentes significativas, entonces no se puede ignorar a *Confucio*[1] en la educación, la política estatal, el gobierno y la ética. O si se ha de tratar a *Maquiavelo*, como el primer pensador político moderno, hay que decir algo sobre el sistema hindú representado en el *Arthasastra*[2].

De forma similar, si *San Agustín, Santo Tomás de Aquino* y *Pascal,* pueden ser llamados filósofos religiosos, de la misma forma, los grandes teólogos hindúes como *Sankara* y *Ramanuja*[3] -quienes, con una técnica escolástica totalmente alada, expusieron los fundamentos filosóficos de la teología

1. Confucio, nació en China, el décimo mes del año 552 a. de C., en el territorio del príncipe de Lu, actualmente en la provincia de Shandong o Shan-tung. Pertenecía al noble clan de los Kong, por lo que su nombre real era Kong Qiu, aunque pasó a ser conocido por el pueblo como "Kung-Fu-Tsu" ó Kung el maestro, por la admiración que produjo en sus conciudadanos. Confucio no dejó escritos, sus enseñanzas han llegado hasta nosotros refundidas en los Cuatro Libros Clásicos, gracias a la labor de sus alumnos. Según éstas, Jen es la virtud suprema y representa las mejores cualidades que puede tener un ser humano. En todas las relaciones humanas, si hay jen, se manifiesta en chung, o la fidelidad a uno mismo y a los demás y en shu o el altruísmo. Confucio, es una de más figuras más influyentes de toda la historia de China, es considerado como el padre de la China ancestral y un educador de maestros y pensadores. Su filosofía es un sistema de pensamiento orientado hacia la vida y destinado al perfeccionamiento de la persona en sí misma. Como filosofía práctica, su objetivo no es alcanzar la "salvación", sino obtener la sabiduría y el autoconocimiento, lo que se resume en la regla de oro del confucionismo: "No hagas a los demás lo que no quieras que te hagan a ti". Existe una selección de los textos más representativos de Confucio, de sus obras: El Lun Yu o Analectas, El Ta Hsüeh o Ta Hio y El Tchung Yung o Chung Yung, en editorial ELA, titulada: "El hombre superior y el arte de gobernar".
2. El Arthashastra es un tratado indio sobre política, economía, estrategia militar, la función del Estado y organización social, atribuido al filósofo y primer ministro Kautilya, quien jugó un papel decisivo en el establecimiento del reinado del gran rey Chandragupta Maurya, fundador del Imperio Maurya. Era una especie de manual redactado para el rey, que le instruía sobre cómo reinar y fomentaba la acción directa sin tener en cuenta las consideraciones éticas. El nombre de la obra proviene de las palabras sánscritas Artha ("objetivo" o "meta") y Shastra ("tratado" o "libro"). Es una comprensión integral del arte de gobernar que permitirá a un monarca gobernar efectivamente. Por lo tanto, una ciencia de la política, una ciencia de la economía política y una ciencia de la ganancia material. Artha, es en el hinduismo, es uno de los objetivos fundamentales de los seres humanos en la búsqueda de riqueza y estatus social y es uno de los cuatro objetivos de la vida, conocidos como Purusharthas, siendo un objetivo noble al seguir la moralidad védica. El concepto incluye conseguir fama, recopilar riqueza y tener un elevado estatus social. Los otros tres objetivos de la vida o Purusharthas, son: Dharma (actuar correctamente), Kama (placer sensual) y Moksha (liberación del samsara).
3. Ramanuja: Célebre filósofo reformador del siglo XI. Nació en el año 1017 de nuestra era. Fundador de la escuela Vizichthâdvaita del Vedânta. Escribió un valiosísimo comentario del Bhagavad-Gîtâ.

vedántica ortodoxa- no pueden ser dejados de lado. Y en el momento en que reconoces a *Plotino* o a *Meister Eckhart* como filósofos, *Lao Tse*[1] no puede ser ignorado, ni tampoco los maestros del yoga hindú y budista.

Las referencias a China e India, por lo tanto, se agregaron a nuestras historias occidentales del pensamiento, como notas al pie de página, a través de miradas laterales o de capítulos preliminares, embelleciendo la historia de la filosofía "real", que comenzaba con los griegos jónicos: Anaximandro y Heráclito, en los siglos VI y V a. de C.

A pesar de la influencia de este punto de vista, muchos se resistieron, incluso en los primeros años del presente siglo, a conferir al pensamiento hindú el dignificante título de "filosofía". "Filosofía", afirmaban, era un término griego que denotaba algo único y particularmente noble, que había surgido entre los griegos y que sólo la civilización occidental había continuado. Para apoyar esta afirmación, podrían referirse a la autoridad del gigante *Hegel*, quien, un siglo antes que ellos, con una intuición magistral y un dominio completo de la información disponible en ese momento, había discutido sobre India y China, en su Filosofía de la religión y Filosofía de la Historia. *Hegel,* acuñó ciertas fórmulas, que aún no han sido superadas, para el estudio de la historia y han sido corroboradas por nuestro conocimiento más reciente de hechos y fuentes (que es mucho más de lo que estaba disponible para él). Insuperable en su comprensión intuitiva, desterró a India y a China, junto con sus filosofías, de los principales capítulos de su pensamiento, considerando los logros de esas civilizaciones casi desconocidas, como una

1. Lao Tse, nació en el siglo VII a. de C. en la provincia de Honan, al norte de China y trabajó como "archivero imperial", una especie de empleado administrativo, encargado de copiar y guardar documentos, al servicio de los gobernantes. Contemporáneo a Confucio, en la leyenda se llegan a relatar encuentros entre ambos. Uno de los personajes más relevantes de oriente, que vivió inadvertido entre sus vecinos, hasta el momento en que por la inestabilidad política, tuvo que abandonar su puesto y salir por el paso fronterizo de Han Gu, rumbo a Oriente. Al atravesarlo, entregó al guardia, a petición de este, un escrito conteniendo 5000 ideagramas chinos, que constituyeron lo que conocemos en la actualidad como el Tao Te King. El "Tao Te King": El libro del camino y de la vida, (publicado por esta Editorial ELA en una excelente versión y traducción de Norberto Tucci). Este es el primer documento escrito que trata de sintetizar la que posteriormente ha sido denominada: "Filosofía Taoísta", a la cual ha otorgado su nombre. A través de 81 versos, nos revela el funcionamiento de una serie de leyes universales que rigen toda la vida manifestada en el universo y en la tierra, que afectan al ser humano y a todo lo que le acompaña. El conocimiento humano puede tener conciencia tan solo de una pequeña parte de la manifestación de estas leyes universales y es precisamente a través de la herramienta de la filosofía taoísta, por la que se obtiene una visión muy cercana de su funcionamiento. A pesar del hermetismo del texto para los no iniciados, se puede acceder a sus enseñanzas ya que esta edición de Editoral ELA, contiene además de una excelente traducción, los aclaratorios comentarios hace de este un sencillo, claro y útil documento. Defiende los valores de: la suavidad, la flexibilidad, la adaptabilidad y la perduración; frente a la dureza, la fortaleza, lo inflexible y lo que muere. Es de gran utilidad para aquellas personas que tengan que dirigir un país, una empresa o una familia y lo quieran hacer con sabiduría y eficacia. Un tratado sobre el arte de dirigir y el arte de vivir.

especie de preludio de la subida del telón sobre la "realidad" de la historia, que comenzó en el Cercano Oriente y la filosofía "real", que fue una invención de los griegos. El argumento de *Hegel* -y que sigue siendo el argumento de quienes mantiene la vieja renuencia de conferir el título de "filósofos" a los inmortales pensadores de la India y China- es que algo faltaba en los sistemas orientales. Cuando se los compara con la filosofía occidental, tal y como se desarrolló en la antigüedad y en los tiempos modernos, lo que evidentemente faltaba, era el contacto, siempre renovado, fructífero y cercano, con las ciencias naturales progresistas, sus métodos críticos perfeccionadores y sus conocimientos cada vez más seculares, no teológicos, prácticamente anti-religiosos, en su perspectiva del hombre y del mundo. Con esto era suficiente, para estar de acuerdo y justificar la restricción occidental de su término clásico.

Aquí, hay que admitirlo, la Vieja Guardia tiene toda la razón. Una estrecha y continua interrelación con la ciencia racional, ha sido un rasgo distintivo de la filosofía occidental. Consideremos, por ejemplo, el papel de las matemáticas aplicadas en la astronomía, la mecánica y la física griegas, o el enfoque de la zoología y la botánica de pensadores como *Aristóteles* y *Teofrasto* -metódico y libre de concepciones teológicas o míticas-. Se ha argumentado que el pensamiento indio, en el mejor de los casos, puede compararse no con la gran línea de la filosofía occidental, sino sólo con el pensamiento cristiano de la Edad Media, desde los *Padres*, hasta *Santo Tomás de Aquino,* cuando la especulación filosófica se mantuvo subordinada a las pretensiones de la fe "revelada" y obligada a promulgar el papel de ayudante o sierva de la teología (ancilla theologiae) y nunca se le permitió desafiar o analizar los fundamentos dogmáticos establecidos e interpretados por los decretos de los papas y mantenidos por la persecución de todos los herejes y librepensadores.

La filosofía griega y luego también la filosofía moderna -representada por *Giordano Bruno* (quien murió en la hoguera) y *Descartes*-, invariablemente trajo consigo una revolución intelectual, efectuando un desenredo radical y cada vez mayor del pensamiento de las redes del tradicionalismo religioso. Ya a mediados del siglo V a. de C., *Anaxágoras* fue desterrado de Atenas por declarar que el sol no era el dios-sol *Helios,* sino una esfera celeste incandescente. Entre los 30 delitos de los que se acusó a *Sócrates* y por los que tuvo que vaciar la copa mortal, estaba la falta de fe en la religión establecida, la de las deidades tutelares locales de Atenas. Mientras que desde los días de *Bruno* y *Galileo* en adelante, nuestras ciencias y nuestra filosofía modernas, han llegado a su madurez actual, sólo combatiendo a cada paso las doctrinas del hombre y de la naturaleza que eran la tradición y el tesoro establecido de la Iglesia. Nada comparable o al menos nada de una magnitud tan revolucionaria y explosiva, se ha mostrado jamás en el Oriente tradicional.

La filosofía occidental se ha convertido en el ángel guardián del pensamiento correcto (es decir, sin prejuicios, crítico). Se ha ganado esta posición a través de sus contactos repetidos y de su lealtad inquebrantable a los métodos progresistas de pensamiento en las ciencias. Y seguirá apoyando a su campeón, aunque el final sea la destrucción de todos los valores tradicionales, en la sociedad, la religión y la filosofía.

Los pensadores del siglo XIX, que se negaron a aceptar la filosofía india al mismo nivel, lo hicieron porque se sentían responsables ante la verdad de las ciencias modernas, aunque esto había sido establecido por la experimentación y la crítica. Y la filosofía, tal y como la concebían, debía exponer los métodos de tal progreso racional, al mismo tiempo que los salvaguardaba contra el diletantismo, las ilusiones y las arraigadas predisposiciones de cualquier especulación indisciplinada, llevada a cabo según las líneas desacreditadas del hombre arcaico.

Hay, por otro lado, una actitud de *tradicionalismo sagrado*, que se destaca en la mayoría de los grandes documentos del pensamiento oriental, una disposición a someterse a las declaraciones autorizadas de maestros inspirados, que afirman estar en contacto directo con la *verdad trascendental*. Esto parecería indicar una preferencia incorregible por la *visión*, la *intuición* y la *experiencia metafísica*, en lugar del experimento, el trabajo de laboratorio y la reducción de los datos exactos de los sentidos a fórmulas matemáticas. Nunca hubo en la India una afinidad tan estrecha entre las ciencias naturales y la filosofía, como para provocar una fertilización cruzada significativa. Nada en la física, la botánica o la zoología hindú, puede compararse con los logros maduros de *Aristóteles, Teofrasto, Eratóstenes* y los científicos de la Alejandría helenística. El razonamiento indio no ha sido influido por la crítica, la nueva materia prima y la inspiración que los pensadores occidentales han sacado continuamente de fuentes de este tipo. Y si no se puede decir que las ciencias naturales indias hayan igualado nunca a las conocidas en Europa, incluso en la época de los griegos, ¡cuánto mayor es la desigualdad hoy!

Bajo el impacto de los arrolladores logros de nuestros laboratorios, la filosofía moderna ha remodelado por completo la concepción de sus problemas. Sin el desarrollo de una matemática, física y astronomía modernas, a través del trabajo de *Galileo, Torricelli* y sus contemporáneos, nunca se habría encontrado la nueva forma de pensamiento representada por *Descartes* y *Spinoza*. *Spinoza* se ganaba la vida como óptico, haciendo lentes, una herramienta moderna y avanzada de las ciencias más nuevas. La versatilidad del poco trabajo de *Leibnitz,* exhibió de la manera más conspicua, la estrecha interrelación, más aún la fusión, de las matemáticas y la física con la filosofía del siglo XVII. Y no se puede estudiar a *Kant*, sin tomar conciencia de *Newton*. Durante el siglo XIX, la ciencia encontró su contraparte en las filosofías empiristas y positivistas de *Comte, Mill* y *Spencer.* De hecho, todo el curso del pensamiento occidental moderno, ha sido establecido por el progreso implacable y marcapasos, de nuestras ciencias racionales secularizadas, desde los días de *Francis Bacon* y el surgimiento del Nuevo Aprendizaje, incluso hasta el momento presente, cuando las asombrosas teorías de *Einstein, Heiscnherg, Planck, Eddington* y *Dirac*, sobre la estructura del átomo y del universo, han proyectado una nueva tarea de los filósofos, no sólo de hoy sino de las generaciones venideras[1].

Absolutamente nada de este tipo se encontrará (a simple vista) en la historia de la India, aunque en la antigüedad clásica una situación correspondiente está marcada por la gran secuencia de *Tales* a *Demócrito* y de *Platón* y *Aristóteles* a *Lucrecio*. No pocos de los presocráticos, se destacaron en matemáticas, física y astronomía, así como en la especulación filosófica. *Talcs,* ganó más fama cuando predijo un eclipse de sol por medio de las matemáticas aplicadas a problemas de cosmología, que la que ganó entre sus contemporáneos al declarar que el agua era el elemento principal del universo, una idea que había sido común a varias mitologías anteriores. *Pitágoras,* de manera similar, es célebre como el descubridor de ciertos principios básicos de la acústica. *Aristóteles,* escribe sobre los seguidores de *Pitágoras*, que "se dedicaron al estudio de las matemáticas y fueron los primeros en hacer avanzar esa ciencia" (Aristóteles, La Metafísica I. v.). Con respecto a los principios del número, como los primeros principios de todas las cosas existentes, *Pitágoras*, mediante experimentos, descubrió la dependencia de los intervalos musicales, sobre ciertas proporciones aritméticas de longitudes de cuerda a la misma tensión y las leyes de la armonía, así descubiertas, las aplicó a la interpretación de toda la estructura del cosmos. Así, en la antigua Grecia, como en la Europa actual, la especulación filosófica sobre la estruc-

---

1. Aunque parezca lo contrario, es aquí donde entra a jugar su papel más destacado las filosofías orientales, que nos permiten adecuar la filosofía a la ciencia, porque lo hacen de una manera "oculta", solo para los "iniciados" o conocedores de los "misterios" que estas filosofías orientales ocultan. Tanto el Taoísmo, en su simplicidad, como el Vedanta, en su complejidad, nos permiten explicar de forma global, estos nuevos descubrimientos de la ciencia (y posiblemente los que vengan en el futuro) que están y estarán en armonía con ellos y con su cosmología tradicional.

tura y las fuerzas del universo, la naturaleza de todas las cosas y el carácter esencial del hombre, ya estaban en gran medida impulsados por un espíritu de investigación científica y el resultado fue la disolución de las ideas arcaicas establecidas, mitológicas y teológicas, sobre el hombre y la humanidad.

El tradicionalismo basado en la revelación y las visiones consagradas, se desacreditaron. Siguieron una serie de revoluciones intelectuales, que fueron en parte, la causa y el prototipo espiritual del colapso, siglos después, de nuestros sistemas sociales establecidos, desde la Revolución Francesa en 1789, hasta las revoluciones rusa y centroeuropea del presente siglo y por último, pero no menos importante, los levantamientos más recientes en México, América del Sur y China.

La filosofía india, por el contrario, se ha mantenido tradicionalmente apoyada y renovada, no por un experimento dirigido hacia el exterior, sino por las experiencias internas de la práctica del *yoga*, ha interpretado, en lugar de destruir, la creencia heredada y a su vez, ha sido interpretada y corregida, por las fuerzas de la religión. La filosofía y la religión, difieren en la India en ciertos puntos; pero nunca ha habido un ataque total y de disolución de los representantes de la crítica pura, contra la fortaleza inmemorial de la creencia popular. Al final, los dos establecimientos se han reforzado mutuamente, de modo que en cada uno, se pueden encontrar características que en Europa deberíamos atribuir sólo a su opuesto. Esta es la razón por la que los profesores de nuestras universidades, que durante tanto tiempo se negaron a dignificar el pensamiento indio sobre nuestros problemas humanos eternos, con el título griego y occidental de "filosofía", estaban lejos de ser injustificados. Sin embargo y esto es lo que espero poder demostrar, existe y ha existido en la India, lo que es en verdad una verdadera filosofía, una aventura tan audaz y sobrecogedora como cualquier otra que se haya aventurado jamás en el mundo occidental. Solo que surge de una situación y de un patrón de cultura orientales, apunta a fines que son comparativamente desconocidos para las escuelas académicas modernas y se vale de métodos extraños, siendo los fines o metas, precisamente los que inspiraron a *Plotino, Scotus Erigena* y *Meister Eckhart,* así como los vuelos filosóficos de los pensadores del período anterior a *Sócrates,* como *Parménides, Empédocles, Pitágoras* y *Heráclito.*

4. Los cuatro objetivos de la vida en la filosofía hindú

El hecho permanece: no hay una sola palabra en sánscrito, para cubrir e incluir todo lo que en la tradición literaria india, deberíamos estar dispuestos a llamar "filosófico". Los hindúes tienen varias formas de clasificar los pensamientos que consideran dignos de aprender y de transmitir, pero no tienen un solo título bajo el cual, se puedan comprender todas sus generalizaciones básicas sobre la realidad, la naturaleza humana y la conducta.

El primero y más importante de sus sistemas de clasificación es el de los cuatro objetivos, fines o áreas de la vida humana:

1. *Artha,* las posesiones materiales.
2. *Kama,* el placer.
3. *Dharma,* los deberes religiosos y morales.
4. *Moksa,* la redención o la liberación espiritual.

1. ***Artha,*** el primer objetivo, son las posesiones materiales. Las artes que sirven a este fin son las de la economía y la política, técnicas de supervivencia en lucha por la existencia contra los celos y la competencia, la calumnia y el chantaje, la tiranía intimidatoria de los déspotas y la violencia de los vecinos temerarios. Literalmente, la palabra *artha* significa "cosa, objeto, sustancia" y comprende toda la gama de objetos tangibles que se pueden poseer, disfrutar y perder y que requerimos en la vida diaria para el mantenimiento de una casa, la crianza de un familia y el cumplimiento de los deberes religiosos, es decir, para el cumplimiento virtuoso de las obligaciones de la vida[1]. Los objetos contribuyen también al goce de los sentidos[2], a la gratificación de los sentimientos y a la satisfacción de la legítima exigencia de la naturaleza humana: el amor, las bellas obras de arte, las flores, las joyas, la ropa fina, la vivienda cómoda y los placeres de la mesa.

---

1. Los deberes religiosos y sociales, se consideran en la India, como una deuda contraída al nacer en una comunidad y permanecer en ella como miembro. La deuda debe pagarse a los dioses que nos protegen y nos favorecen, a los antepasados a quienes debemos nuestra existencia y a nuestros semejantes, con quienes compartimos las alegrías y las tristezas de la vida. El cumplimiento virtuoso del rol de la vida de uno (dharma) se discutirá más adelante, como el tercero de los Cuatro Objetivos.
2. El placer (kama) es otro de los Cuatro Objetivos.

La palabra *artha*, por lo tanto, connota "el logro de las riquezas y de la prosperidad mundana, una ventaja, ganancia o riqueza" y también el "resultado"; en la vida comercial: "negocio-materia, negocio-asunto, trabajo, precio" y en el derecho: "queja, acción o petición".

Con referencia al mundo externo, *artha,* en su connotación más amplia, significa "aquello que puede ser percibido, un objeto de la sentidos"; con referencia al mundo interior de la psique: "fin y objetivo, propósito, objeto, deseo, motivo, causa, razón, interés, uso, necesidad y preocupación" y como el último miembro de una palabra compuesta, *artha,* significa: "en aras de, en nombre de, destinado a".

El término reúne así todos los significados de 1) el objeto de la búsqueda humana, 2) los medios de esta búsqueda y 3) las necesidades y el deseo que sugiere esta búsqueda.

Existe en la India, una literatura especial sobre el tema, en la que el campo de investigación se reduce al área específica de la política: la política del individuo en la vida cotidiana y la política de obtención, ejercicio y mantenimiento del poder y la riqueza como un rey. Este arte está ilustrado por la fábula de la bestia, un vehículo muy notable para la presentación de una filosofía realista de la vida. Las historias de casos del reino animal, desarrollan e iluminan una ciencia despiadada de supervivencia, un arte completamente carente de sentimentalismo de prosperar frente al peligro constante, que siempre debe vincularse con la lucha clandestina y abierta de los seres por la vida y la supremacía. Como todas las doctrinas indias, es altamente especializada y está diseñada para impartir una habilidad. No se confunde ni se modifica básicamente por inhibiciones morales; las técnicas se presentan químicamente puras. Los libros de texto son secos, ingeniosos, despiadados y cínicos y reflejan en el plano humano, las leyes despiadadas del conflicto animal. Seres que se devoran unos a otros, que prosperan unos a otros, que se sostienen unos contra otros, inspiran los patrones del pensamiento. Los principios básicos son los de las profundidades del mar; de ahí que la doctrina se denomine *Malsya-nyaya*, "El Principio o Ley (*nyaya*) de los Peces (*matsya*)", es decir, "los grandes se comen a los pequeños".

Esta enseñanza también se llama *Arthasastra*, "El manual autorizado (*sastra*) de la ciencia de la riqueza (*artha*)", en el que se encuentran todas las leyes eternas de la política, la economía, la diplomacia y la guerra. La literatura sobre el tema comprende, por un lado, fábulas de bestias y por otro, tratados sistemáticos y aforísticos.

De los primeros, los dos más conocidos son el *Pancatantra*, "Los cinco (*pañca*) telares o urdimbres (*tantra*)", es decir, "Los cinco tratados" y el *Hitopadesa*, "Instrucción (*upadesa*) en lo que es ventajoso y provechoso" (*hita*)[1].

De los tratados sistemáticos, el más importante con diferencia es una obra enciclopédica conocida como *Kauliliya Arthasastra*, que lleva el nombre y se le atribuye tradicionalmente a *Canakya Kautilya,* el legendario canciller de *Candragupta Maurya,* que nutrió a finales del siglo IV a. de C. En el momento de la incursión de *Alejandro Magno* en el noroeste de la India, en el año 32 a. de C., las provincias del noreste estaban gobernadas por la dinastía *Nanda*. Unos cinco años después de la incursión, *Candragupta*, cuyo padre pudo haber sido un *nanda*, pero cuya madre era una mujer de nacimiento inferior, derrocó esta casa y fundó el imperio de los *Mauryas*, uno de los más poderosos de la historia de la India. El manual político atribuido al sabio y astuto *Brahmán*, que se supone que lo aconsejó y apoyó en su empresa, ofrece un cuadro extenso, detallado y vívido del estilo y las técnicas del gobierno hindú, el arte de gobernar, la guerra y la vida pública en el período en cuestión.

Un tratado mucho más breve, el llamado *Barhaspatya Arthasastra*, es un tratado compacto, una colección de aforismos supuestamente revelados por la divinidad *Brhaspati*, el mítico canciller, sacerdote doméstico y principal asesor en política mundial de la India, rey de los dioses. Existe aún, otro sumario el *Kamandaki Nitisara*, "El extracto, Jugo o Esencia (*sara*) del Gobierno o de la Conducta Apropiada (*niti*). Esta es una obra muy posterior a la de *Kautilya*, compuesta, a veces con deleite, en versos didácticos y que

1. El Pancatantra o Pachatantra, es una colección de fábulas escritas en prosa y en verso, en sánscrito, que datan del siglo XI, pero que fueron compuestos entre el siglo III a. C. y el siglo III de C. y se transmitían de forma oral. A partir del Panchatantra, surgió una versión libre llamada Hitopadesha o Hitopadeza, que resultó más abundante en historias y más específico, de donde surge su nombre: Hitopadeza, o enseñanza provechosa. Hitopadeza, son una colección de fábulas escritas en sánscrito, en prosa y en verso, durante el siglo XII. Es uno de los libros más leídos en la India, después del Bhagavad Guita, donde las alegorías y las fábulas se emplean con la finalidad de instruir a los jóvenes para que aprendan la filosofía de la vida y pasen a ser adultos responsables. Muchos autores afirman que estos relatos hindúes, son también los que han dado lugar al género que ahora llamamos fábula, ya que es en Oriente donde a toda la naturaleza se le supone que tiene alma, y por lo tanto se acude fácilmente a los animales y plantas para expresar estados anímicos más propios del ser humano. Hitopadeza, tiene cuatro partes diferenciadas: Libro primero: Mitralabha o la adquisición de amigos. Libro segundo: Suhridbheda o la desunión de amigos. Libro tercero: Vigraha o la guerra. Libro cuarto: Sandhi o la paz. En esta editorial, se han publicado los dos primeros libros: Mitralabha o la adquisición de Amigos y Suhridbheda o la desunión de amigos; en la obra titulada: "Hitopadeza. Antiguas fábulas hindúes", que comprenden historias dirigidas hacia el comportamiento en la esfera más privada de la vida, más aplicables a las relaciones entre particulares. Los libros tercero y cuarto: Vigraha o la guerra y Sandhi o la paz, se recogen en ela obra "Hitopadeza. Cuentos indios de animales para la guerra y la paz" que responden a consejos para la esfera más pública de la vida, más aplicables a las relaciones sociales o de Estado y son una exposición sobre el arte de vivir y de gobernar y también tratan sobre la elección de los amigos y aliados.

pretende contener el extracto o la esencia de la compilación anterior. Materiales valiosos aparecen también en muchos de los diálogos didácticos, cuentos y fábulas de la gran epopeya nacional, el *Mahabharata*[1], trozos y fragmentos de tratados ahora perdidos, provenientes de la época feudal india de los siglos VIII y VII a. de C.

Y tenemos algunas otras obras menores, en las que la ciencia se modifica, ocasionalmente, para estar de acuerdo con las pretensiones de la ética y la religión[2].

De tales fuentes debe extraerse una filosofía de la vida práctica vigorosa, ingeniosa y absolutamente realista, así como una teoría de la diplomacia y del gobierno que es ciertamente comparable al arte de gobernar de *Maquiavelo* y *Hobbes*. El *Arthasastra* indio, es comparable y comparte muchas características, también, con *La República* y *Las leyes* de *Platón* y con *La Política* de *Aristóteles*.

2. ***Kama***, el segundo de los cuatro fines de la vida, es el placer y el amor. En la mitología india, *Kama* es la contraparte de *Cupido*. Es el dios hindú del amor, que, con un arco de flores y cinco flechas de flores, envía el deseo al corazón. *Kama* es el deseo encarnado y como tal, amo y señor de la tierra, así como de las esferas celestiales inferiores.

El principal clásico sobreviviente de la enseñanza *Kama* de la India es el célebre *"Kamasutra"* de Vatsayana[3]. Esta obra le ha valido a la India

1. El Mahabharata es la gran epopeya india, las historia de los Bharata y sus guerras por el poder, representada en la lucha entre dos familias, los Kaurava y los Pandava. Su parte más espiritual y conocida, que es sin duda el texto más leído en la India y uno de los más leídos en el mundo es el "Bhagavad Guita", del cual hay varias ediciones en esta editorial.

2. Se encontrará una revisión de la literatura y una discusión de todo el tema en M. Wintcrnitz, Geschichte der tndhchen Litteraiur, Leipzig, 1920, Bd. III, págs. 504-536.

3. Kamasutra, se deriva de Kama: el Amor, el placer, el gozar de los sentidos, buscar lo agradable a la vista, el oído, el olfato, el gusto y el tacto y de "Sutra": hilo, cadena de reglas, aforismos. Para el Kamasutra, todos los sentidos son importantes en su ámbito, pero gobernados por la mente unida al alma. Su autor, Vatsyayana, dice: "La unión erótica de un hombre y una mujer, exige un método, que se consigue con el Kama Sutra. Entre los animales, por el contrario, la vida sexual no necesita métodos, porque las hembras no se mantienen escondidas; el apareamiento tiene lugar, hasta la satisfacción, durante el periodo de celo y las uniones no se acompañan de reflexión alguna". En esta editorial, existe una buena traducción de este clásico indio del amor, con grabados indios antiguos. Hay otra obra menos difundida en Occidente, pero no por ello de peor calidad, que es el "Ananga Ranga", un sutil y detallado tratado sobre el sexo y el amor tal y como se practicaba en la India desde la antigüedad, hecho para lograr que la rigidez del matrimonio en su época, no convirtiera a este tipo de vida marital en un aburrimiento para los cónyuges y para ello les ofrecía numerosos consejos útiles y bien meditados. En algunos aspectos, la enseñanza sexual del Ananga Ranga es más explícita y superior a la del Kama Sutra, aunque la diferencia principal entre estas dos obras, bases de la literatura sexual india, está en que mientras que el Kama Sutra va mas dirigido hacia los amantes en general, el Ananga Ranga puede ser mejor aprovechado por las parejas estables. Existe una buena edición del Ananga Ranga en esta editorial, basada en la traducción inglesa de Sir Richard Burton y de F. F. Arbuthnot, e ilustrada con antiguas imágenes indias.

una ambigua reputación de sensualidad que es bastante engañosa; porque el tema se presenta en un nivel completamente secularizado y técnico, más o menos como un libro de texto para amantes y cortesanas, cuando la actitud dominante del hindú, en realidad, es austera, casta y extremadamente contenida y se destaca por centrarse en las actividades puramente espirituales y por sumirse en las experiencias religiosas y místicas. La enseñanza del *Kama* se originó para evitar y corregir el tedio de la vida matrimonial, que era muy frecuente cuando los casamientos por conveniencia eran la regla general y los casamientos por amor la rara excepción. A través de los siglos, el casamiento se llegó a convertir en un asunto de familias. Los jefes de las familias, cerraban sus tratos basándose en los horóscopos establecidos por los astrólogos y en las consideraciones económicas y sociales, determinando así el destino de los jóvenes novios. Sin duda, que había muchas casas tristes y aburridas, donde un poco del estudio de la ciencia de las cortesanas, fue de gran utilidad. Este compendio de las técnicas del amor y de los estímulos, fue realizado para una sociedad de individuos con emociones frías y no para una sociedad de libertinos. Aunque la literatura que sobre el *Kama*, ha llegado hasta nosotros, es muchas de las veces, excesivamente técnica, puede extraerse de ella, algunas ideas fundamentales sobre la actitud de ambos sexos y algunas nociones sobre la psicología del amor de los hindúes, el análisis de sus sentimientos y sus formas de expresar las emociones, así como su concepción de la finalidad y el ámbito del amor.

Para otros fines, mejor que el *Kamasutra*, existen otra clase de tratados dedicados a las diferentes artes del placer: los manuales de poética y de representación llamados *Natyasastra*, que resumen para los profesionales, las técnica del baile, los gestos con la cara, el canto y la representación teatral. Esta obras, presentan y discuten los tipos comunes de los héroes y heroínas hindúes y definen los rasgos de su psicología, descubriendo la evolución de los sentimientos que experimentan en diferentes situaciones típicas. Reflejan la psicología de las emociones desarrollada sutilmente y son comparables a la tipología y a la descripción de las emociones y reacciones humanas presentadas en Occidente a través de la ópera italiana y de la tragedia francesa de los siglos XVII y XVIII. Aquellas obras nos recuerdan de forma constante los ensayos y aforismos de los literatos y psicólogos franceses como *La Bruyere, La Rochefoucauld, Chamfort* y *Vauvenargucs,* reanimadores de la tradición griega de *Teofrasto*, quien a su vez se había inspirado en el arte escénico griego.

3. **Dharma**, el tercero de los cuatro objetivos o fines de la vida, comprende todo el contexto de los deberes religiosos y morales. Este también

está personificado como una deidad, pero tiene un carácter comparativamente abstracto. Los textos son los *Dharmasastras* y *Dharmasutras*, o Libros de la Ley. Algunos se atribuyen a personajes míticos como *Manu*, antepasado del hombre, otras a ciertos eminentes santos brahmanes y maestros de la antigüedad. El estilo de los más antiguos -por ejemplo, el de *Gautama*, el de *Apastamba* y el de *Baudhayana*, que pertenecen al siglo quinto y siguientes antes de Cristo- se parece al de la tradición prosística védica posterior. Estas obras anteriores están llenas de prescripciones sociales, rituales y religiosas destinadas a una u otra de las escuelas védicas.

Pero los libros de leyes posteriores y más notablemente el gran compendio asignado a *Manu*[1], se extienden para cubrir todo el contexto de la vida hindú ortodoxa. Los rituales y numerosas regulaciones sociales de las tres castas superiores, *Brahman* (sacerdote), *Ksatriya* (noble), *Vaisya* (comerciante y agricultor), están meticulosamente formulados sobre la base de prácticas inmemoriales adscritas a la enseñanza del mismo Creador. No el rey o el millonario, sino el sabio, el santo, el *Mahatma* (literalmente "magnánimo": "grande (*mahat*) Ser o Espíritu (*atman*)"), recibe el lugar más alto y el honor en este sistema. Como el vidente, la lengua o portavoz de la verdad eterna, él es aquel de quien toda sociedad deriva su orden. El rey no es, propiamente, sino el administrador de ese orden; los agricultores y comerciantes suministran los materiales que dan cuerpo a la forma y los trabajadores

1. Las Leyes de Manu, es un Manava Dharma Shastra, que recoge las tradiciones hindúes reveladas. Manu, en la tradición hindú, es considerado como el primero de los hijos de Brahma y el progenitor de la raza humana. Las Leyes de Manu, son unos textos antiguos escritos en sánscrito, que hacen referencia a las primeras tradiciones hindúes, describiendo el conocimiento hindú sobre la religión, la ética y las leyes. En la obra se dictan los deberes generales de las cuatro castas sagradas, consideradas como constitutivas de la sociedad "noble", o arya (cuyo primer orden es Ahimsâ, la honestidad y el control de los sentidos), así como los deberes particulares de cada casta y la relación entre ellas. En estas leyes, se basan muchas de las enseñanzas, costumbres y leyes que nos han llegado a occidente y que actualmente siguen vigentes en muchas sociedades occidentales y que son la base de sus ordenamientos jurídicos, como el derecho romano y el código napoleónico. Hay una buena edición de esta obra en editorial ELA, traducida directamente del sánscrito por Georges Strehly, quien para la realización de esta obra, ha estudiado y analizado sus principales ediciones y sus comentarios, junto a los textos de Nârada en 12.000 versos, los Sutras de la escuela brahmánica, los Smritis y los Mânavas, lo cual constituye toda una labor encomiable y hace de esta edición, una de las versiones más estudiadas y cotejadas de las Leyes de Manu, que va acompañada por unas notas a pie de página del traductor al español, que explican, comentan y desarrollan todos los puntos de mayor interés de la obra y por un glosario de términos en cada capítulo, realizado por esta editorial especialmente para esta edición. Su lectura, nos permitirá conocer las tradiciones hindúes civiles, políticas y religiosas y las profundas e interesantes teorías y concepciones del ser humano y del universo en las que se basan, que quedaron plasmadas en muchas civilizaciones y sociedades posteriores, tanto orientales como occidentales, como la romana y la griega y descubriremos con asombro, el origen real de muchas de estas concepciones, que reconoceremos fácilmente y que aún están vigentes en nuestra moderna sociedad occidental.

(*sudras*) son los que aportan el trabajo físico necesario. Así todos están coordinados para la revelación, preservación y experiencia, de la gran imagen divinamente prevista. *Dharma* es la doctrina de los deberes y los derechos de cada uno en la sociedad ideal y como tal, la ley o el espejo de toda acción moral.

4. ***Moksa**, apavarga, nirvrtri o nivrtti*, el cuarto de los Cuatro Objetivos o fines de la vida, es la redención o la liberación espiritual. Este se considera como el fin último, el bien humano final y como tal se opone a los tres anteriores.

Artha, Kama y Dharma, son conocidos como *trivarga*, el "grupo de tres", son las actividades del mundo; cada una implica su propia orientación o "filosofía de vida" y a cada una se le dedica una literatura especial. Pero, con mucho, la mayor parte del pensamiento, la investigación, la enseñanza y la escritura de la India, se ha ocupado del *tema espiritual supremo de la liberación de la ignorancia y de las pasiones de la ilusión general del mundo*.

Moksa, de la raíz *muc*: "soltar, poner en libertad, liberar, entregar; dejar, abandonar, salir", significa "liberación, escape, libertad; rescate; emancipación final del alma".

Apavarga, del verbo *apavrj*: "evitar, destruir, disipar; arrancar, sacar", significa "lanzar, descargar (un proyectil), abandono, finalización y cumplimiento o realización de una acción".

Nirvrtti, es "desaparición, destrucción, descanso, tranquilidad, plenitud, logro, liberación de la existencia mundana, satisfacción, felicidad, dicha" y *nivrtti*: "cese, terminación, desaparición; abstinencia de actividad o trabajo; abandono, desistimiento, resignación; interrupción de actos o emociones mundanos; quietismo, separación del mundo; descanso, reposo, felicidad". Todos los términos del diccionario, tomados en conjunto, sugieren algo del fin más alto del hombre, tal como lo concibe el sabio indio.

El *paramartha* de la India, "objeto (*artha*) supremo (*parama*)", es nada menos que la *realidad básica que subyace en el reino fenoménico*. Esto se aprehende, cuando las meras impresiones transmitidas por los sentidos físicos a un cerebro nervioso al servicio de las pasiones y emociones de un ego, ya no engañan. Uno está entonces "desilusionado". *Paramarlha-vid* y "el que conoce (*vid*) el objeto supremo (*paramartha*)", es en consecuencia la palabra sánscrita que el diccionario traduce aproximadamente como "filósofo".

5. Liberación y progreso

La esencia de cualquier sistema de filosofía, puede captarse mejor por la forma condensada de sus términos principales. Una exposición elemental debe preocuparse, por lo tanto, de presentar e interpretar las palabras a través de las cuales se han de concebir las ideas principales.

El pensamiento indio se adapta excelentemente a tal enfoque; porque todos sus términos pertenecen al *sánscrito*[1] y han servido durante mucho tiempo en el lenguaje cotidiano de la poesía y el romance, así como en las literaturas técnicas como la de la medicina. No son términos confinados a la atmósfera extraña y desconocida de las escuelas y doctrinas especializadas. Los sustantivos, por ejemplo, que constituyen la mayor parte de la terminología filosófica, están al lado de los verbos y se han derivado de las mismas raíces, denotando actividades o procesos que expresan el mismo contenido.

Se puede llegar al significado básico a través de un estudio de los usos comunes de la palabra en la vida diaria y por este medio determinar no solo sus matices y valores implícitos, sino también sus metáforas y connotaciones sugeridas. Todo lo cual está en un marcado contraste con la situación de nuestro Occidente contemporáneo, donde la mayor parte de nuestros términos filosóficos, han sido tomados prestados del griego y del latín y no han sido tomados de la vida real y por lo tanto sufren de una inevitable falta de viveza y de claridad. La palabra "idea", por ejemplo, significa cosas muy diferentes según se trate de *Platón*, de *Locke*, de la historia moderna de las ideas, de la psicología o del lenguaje cotidiano, donde se utilice. Cada caso, cada autoridad para el término, cada autor, período y escuela, debe tomarse

---

1. Sánscrito o Sanskrito. Lenguaje clásico de los brahmanes, jamás conocido ni hablado en su verdadera forma sistematizada (dada más tarde aproximadamente por Pânini), excepto por los brahmanes iniciados, por ser eminentemente un "lenguaje de misterio". Actualmente ha degenerado en el llamado prácrito (prâkrita). El sánscrito, como lo indica su nombre, es el lenguaje llevado a la perfección. En el sánscrito, lo mismo que en el hebreo y otros alfabetos, cada letra tiene su significado oculto y su razón de ser; es una causa y un efecto de una causa precedente y la combinación de éstas produce muchas veces un efecto sumamente mágico. Las vocales, especialmente, contienen las potencias más ocultas y formidables. Las lenguas semíticas son descendientes bastardas de las primeras corrupciones fonéticas de los hijos mayores del sánscrito Primitivo. (Doctrina Secreta, III, pág. 227, ed. ELA).

por separado. Pero el vocabulario hindú, está tan estrechamente relacionado con el uso general de la civilización, que siempre puede interpretarse a través del entendimiento general.

Al revisar toda la gama de valores cubiertos por cualquier término sánscrito, uno puede observar el pensamiento indio en acción, por así decirlo desde dentro. Esta técnica corrige las malas interpretaciones inevitables que surgen, incluso en las traducciones mejor intencionadas, como resultado de la amplia variedad de asociaciones de nuestros términos europeos. En realidad, no tenemos equivalentes verbales precisos para las traducciones del *sánscrito*, sino sólo aproximaciones engañosas que resuenan con asociaciones occidentales y que son necesariamente muy diferentes de las del mundo indio. Este hecho ha llevado a Occidente a todo tipo de deducciones falsas en cuanto a la naturaleza, los fines y los medios del pensamiento oriental. Incluso el intérprete más fiel, se encuentra difundiendo información errónea simplemente porque sus palabras entran en un contexto europeo en el momento en que salen de sus labios. Es sólo consultando continuamente el diccionario de *sánscrito*, que uno puede comenzar a percibir algo de los trasfondos más amplios de las frases que durante siglos han servido para llevar la carga viva del pensamiento indio[1].

Por ejemplo, el énfasis puesto por las filosofías ascéticas en el ideal supremo y el fin de *Moksa* y la consiguiente masa de literatura sobre el tema, lleva al estudiante occidental a una visión extremadamente unilateral de la civilización india. La verdadera fuerza del ideal, no puede entenderse fuera de contexto y ese contexto es el mundo indio tradicional, no el mundo industrial moderno. *Moksa* es una fuerza que se ha impreso en cada característica, cada rasgo y disciplina de la vida india y ha dado forma a toda la escala de valores. Debe entenderse, no como una refutación, sino como el florecimiento final del éxito del hombre exitoso.

Resumiendo: la mayor parte de la filosofía india propiamente dicha, se ocupa de guiar al individuo durante la segunda, no la primera, porción de su vida. No antes, sino después de que uno haya logrado los objetivos mundanos normales de la carrera individual, después de haber cumplido con sus deberes como miembro moral y sostén de la familia y la comunidad, uno se vuelve a las tareas de la aventura final humana.

Según el *dharma* hindú, la vida de un hombre debe dividirse en cuatro etapas estrictamente diferenciadas (*asrama*). La primera es la del estudiante, "aquel a quien se le debe enseñar" (*sisya*), "aquel que atiende, espera

---

1. En esta editorial existe un importante diccionario de sánscrito comentado, realizado por H. P. Blavatsky y titulado "Glosario teosófico".

y sirve a su gurú" (*antcvasin*). La segunda es la del cabeza de familia (*gfhast-ha*), que es el gran período de la madurez del hombre y la promulgación de su debido papel en el mundo. La tercera es la de retirarse al bosque para la meditación (*vanaprastha*). Y la cuarta es la del sabio errante mendicante (*bhiksu*). *Moksa,* es para las dos últimas; ni para la primera ni para la segunda.

Grama, "el pueblo" y *vana*, "el bosque", se presentan como opuestos. Para "*grama*", a los hombres se les ha dado el "grupo de tres" (*trivarga*), y los manuales de los objetivos y fines normales de la vida mundana; pero para "*vana*" -el bosque, la ermita, el trabajo de deshacerse de esta carga terrenal de objetos, deseos, deberes y todo lo demás- un hombre requerirá las otras disciplinas, el otro camino, los otros, completamente opuestos, ideales, técnicas y experiencias de "liberación". Los negocios, la familia, la vida secular, como las bellezas y esperanzas de la juventud y los éxitos de la madurez, ahora han quedado atrás; solo queda la eternidad. Y por eso, es a eso, no a las tareas y preocupaciones de esta vida, ya pasada, que vino y pasó como un sueño, a lo que se dirige la mente.

Moksa, mira más allá de las estrellas, no a la calle del pueblo. *Moksa* es la disciplina práctica de la *metafísica*. Su objetivo no es establecer los cimientos de las ciencias, desarrollar una teoría válida del conocimiento o controlar y refinar los métodos del enfoque científico del espectáculo de la naturaleza o de los documentos de la historia humana, sino rasgar el velo tangible. *Moksa,* es una técnica de trascender los sentidos para descubrir, conocer y morar en unidad con la realidad atemporal que subyace al sueño de la vida en el mundo.

La naturaleza y el hombre, en la medida en que son visibles, tangibles, abiertos a la experiencia, el sabio los conoce e interpreta, pero sólo para pasar a través de ellos hacia su último bien metafísico. En cambio, en Occidente no tenemos *metafísica* -práctica o no- desde mediados del siglo XVIII. En contraste diametral con la visión oriental, dominante de la insustancialidad del mundo del cambio y la decadencia, nuestras mentes materialistas han desarrollado y favorecido una visión optimista de la evolución y junto con esto, una fe ferviente en la perfectibilidad de los asuntos humanos a través de una mejor planificación y tecnología, una mayor difusión de la educación y la apertura de oportunidades para todos.

Mientras que el hindú se siente completamente a merced de las fuerzas destructivas de la muerte (enfermedades, plagas, guerras, tiranía humana e injusticia) y la víctima inevitable del implacable flujo del tiempo (que se traga a los individuos, borra la flor de la reinos y pueblos y desmorona incluso las ruinas hasta convertirlas en polvo), los occidentales sentimos el poder del genio humano para inventar y organizar, la fuerza soberana del hombre para lograr la disciplina colectiva y el impulso y la capacidad de controlar las fuerzas motrices de la naturaleza. Somos los que trabajamos los cambios; la naturaleza sigue siendo siempre la misma. Y esta naturaleza, conquistada por el análisis científico, puede ser obligada a someterse a los arneses del carro triunfal de nuestro avance humano.

Los pensadores europeos del siglo XVIII, creían en la *iluminación colectiva progresiva*: la sabiduría como disipadora de la oscuridad, que hace que la sociedad sea perfecta, noble y pura. El siglo XIX creía en el *progreso social y material colectivo*: la conquista de las fuerzas de la naturaleza, la abolición de la violencia, la esclavitud y la injusticia y la victoria no sólo sobre el sufrimiento, sino incluso sobre la muerte prematura. Y ahora el siglo veinte y el veintiuno, sienten que sólo mediante una *intensa y extensa planificación y organización*, nuestra civilización humana puede esperar ser salvada. La fragilidad de la vida humana no nos obsesiona realmente, como lo hizo a nuestros antepasados en los siglos XV y XVI. Nos sentimos más protegidos que ellos contra las vicisitudes, mejor asegurados contra los contratiempos y la decadencia y no nos llena de tanta desesperación y resignación. Creemos que somos nosotros mismos quienes constituimos nuestra providencia, mientras todos avanzamos en la histórica batalla humana para dominar la tierra y sus elementos, para controlar sus reinos mineral, vegetal, animal e incluso subatómico. Las fuerzas secretas de la existencia, la química compleja y la alquimia orgánica del proceso de la vida, ya sea en nuestro propio físico o *psique* o en el mundo que nos rodea, ahora las estamos revelando gradualmente. Ya no nos sentimos atrapados en las mallas de una red cósmica invencible. Y así, en consecuencia, tenemos nuestra *lógica* de la ciencia, nuestros *métodos experimentales* y nuestra *psicología*, pero no una *metafísica*.

Las especulaciones del altos vuelos ya no nos interesan. No basamos nuestra vida en unas fascinantes o consoladoras interpretaciones totales de la vida y del universo, en líneas como las de la teología tradicional o la especulación meditativa; más bien, preferimos obtener todas estas cuestiones de detalle, de nuestras numerosas *ciencias sistemáticas*. En lugar de una actitud de aceptación, resignación y contemplación, cultivamos una vida de movimiento incesante, provocando cambios a cada paso, mejorando las cosas, planificando las cosas y sometiendo a un calendario los crecimientos salvajes y espontáneos del mundo. En lugar del objetivo arcaico de *comprender la vida y el cosmos como un todo*, por medio de la especulación general, tenemos para nuestro pensamiento el ideal de una actividad múltiple, cada vez más refinada, de entendimientos altamente especializados y el dominio de los detalles concretos. La religión y la filosofía se han transformado en ciencia, tecnología y economía política. Dado que esto es así y dado que el objeto principal de la filosofía india, por otro lado, es *Moksa*, bien podemos preguntarnos si tenemos alguna calificación para comprender esa doctrina remota, fijados como estamos en nuestra búsqueda de *artha, kama* y *dharma* y sintiéndonos plenamente satisfechos de ser así.

Y aquí nos topamos con otra de las diferencias fundamentales entre las filosofías del Occidente moderno y el Oriente tradicional. Visto desde los puntos de vista de las disciplinas hindú y budista, nuestro enfoque puramente intelectual de todos los asuntos teóricos que no están directamente relacionados con el *trivarga*, parecería diletante y superficial. A lo largo de su evolución durante tiempos relativamente modernos, el pensamiento occidental se ha vuelto completamente *exotérico*. Se supone que debe estar abierto al abordaje e investigación acreditada de todo intelectual que pueda cumplir con los requisitos generales de a) una educación básica, y b) alguna formación intelectual especializada que le permita mantenerse al día con el argumento. Pero esta no era la forma en la antigüedad de *Platón*: "Nadie no capacitado en matemáticas puede cruzar este mi umbral". Se dice que *Platón* inscribió esta advertencia sobre su puerta en homenaje a *Pitágoras* y a los matemáticos revolucionarios contemporáneos de Sicilia, hombres como *Arquitas de Tarento*; mientras que en los tiempos modernos, se supone que una educación secundaria y cuatro años de universidad abren el acceso al "sanctum sanctorum" de la Verdad última. India, en este sentido, es donde estuvo *Platón* y esa es otra de las razones por las que los profesores de las universidades europeas y americanas se justificaron al negarse a admitir el pensamiento indio en su templo de la "filosofía".

II.
Los fundamentos de la filosofía india

1.
La filosofía como forma de vida

En la antigua India, cada rama del saber, estaba asociada con una habilidad altamente especializada y una forma de vida correspondiente. El conocimiento no debía extraerse principalmente de libros o de conferencias, de discusiones y conversaciones, sino que debía dominarse a través del aprendizaje de un maestro competente. Requería la entrega incondicional de un alumno maleable, a la autoridad de un *gurú*[1], siendo sus prerrequisitos elementales: la obediencia (*susrusa*) y la fe implícita (*sraddha*).

Susrusa es el deseo ferviente de oír, de obedecer y de retener lo que se oye; implica deber, reverencia y servicio. *Sraddha*, es la confianza y la serenidad mental; exige la ausencia total de todo tipo de pensamiento independiente y de crítica por parte del alumno y aquí nuevamente hay reverencia, así como un deseo fuerte y vehemente. La palabra sánscrita significa también "el anhelo de una mujer embarazada". El alumno en quien mora la verdad buscada, como el tigre de la jungla moraba dentro del cachorro, se somete sin reservas a su *gurú*, rindiéndole reverencia como encarnación del aprendizaje divino que ha de impartir.

Puesto que el maestro es un portavoz del conocimiento superior y un maestro de la habilidad especial, el alumno en su adoración religiosa, debe volverse un devoto de la divinidad que preside el departamento de habilidad y sabiduría, que ha de ser el principio formador, en lo sucesivo, de su carrera. Debe compartir la casa del maestro durante años, servirlo en el hogar y ayudarlo en su trabajo, ya sea en el oficio de sacerdote, mago, asceta, médi-

---

1. Guru o gurú (Sánscrito). Instructor espiritual; maestro o preceptor en las doctrinas éticas y metafísicas. Esta palabra se aplica igualmente al maestro de una ciencia cualquiera. Significa también: padre o madre y superior, persona digna de veneración o respeto y como adjetivo, significa: grave, pesado, respetable, venerable, grande, importante, etc.

co o alfarero. Las técnicas deben aprenderse mediante la práctica constante, mientras que la teoría se enseña mediante la instrucción oral complementada con un estudio exhaustivo de los libros de texto básicos. Y lo más importante de todo, debe efectuarse una "transferencia" psicológica entre el maestro y el alumno; porque una especie de *transformación* ha de llevarse a cabo. El metal maleable del alumno, debe trabajarse en el patrón del maestro modelo y esto es así, no sólo con respecto a las cuestiones de conocimiento y habilidad, sino también y mucho más profundamente, a toda la actitud personal.

En cuanto a la vida y la moral, se requiere que haya una identidad con el *gurú* -una correspondencia absoluta, punto por punto- con sus enseñanzas y su forma de vida; el tipo de identidad que deberíamos esperar encontrar en Occidente tan solo en un monje o en un sacerdote. No existe la crítica, lo que se exige es un crecimiento gradual en el molde de la disciplina. El entrenamiento se acepta y se sigue, por así decirlo, con los ojos vendados; porque con el transcurso del tiempo, cuando aumenta la comprensión del alumno sobre su tema, el conocimiento llega por sí mismo. Tal aceptación ciega y posterior comprensión intuitiva de una verdad, a través de la promulgación de su actitud correspondiente, es conocida en Europa principalmente en la práctica de la iglesia católica romana. Por ejemplo, en una de las novelas, de *Flaubert: "Bouvard et Pecucket"*, se describe el caso de dos librepensadores, decepcionados de su forma de vida, que tras un intento de suicidio se reconvierten a la fe de su infancia y juventud campesina. Se vuelven hacia el sacerdote y lo asaltan con sus dudas y escepticismo inestables, pero él simplemente responde: *"Pratiqucz d'abord"*. Es decir: *"Asume y practica primero la forma ortodoxa y establecida de los deberes rituales: asistir a misa con regularidad, rezar, confesarte y comulgar. Luego, gradualmente comprenderás y tus dudas se desvanecerán como la niebla a la luz del sol. No necesitas sondear las grandes profundidades del dogma de la Trinidad, ni los otros misterios, pero sí debes profesar y sentir una fe implícita en que, en última instancia, de alguna manera, estos deben ser verdaderos. con la creciente operación dentro de ti de la gracia sobrenatural"*.

Precisamente de esta manera, la filosofía oriental está acompañada y apoyada por la práctica de una forma de vida: reclusión monástica, ascetismo, meditación, oración, ejercicios de yoga y horas devocionales diarias de adoración. La función de la adoración, es imbuir al devoto con la esencia divina de la verdad; lo que se manifiesta bajo las formas simbólicas de divinidades u otras figuras sagradas sobrehumanas, que dirigen el pensamiento, así como a través del maestro mismo, quien, representando la verdad encarnada, revela la verdad continuamente, tanto a través de su enseñanza como en su forma de vida diaria. En este sentido, la filosofía india, está tan estrechamente vinculada con la religión, los sacramentos, las iniciaciones y las formas devocionales, como lo está nuestra moderna filosofía occidental con las ciencias naturales y sus métodos de investigación.

Esta visión india de la identidad de la personalidad y la conducta con la enseñanza, está bien expresada en el acertado comentario de un amigo mío hindú, en la crítica de cierto libro popular sobre filosofía oriental. *"Después de todo",* dijo, *"el verdadero logro es sólo lo que encuentra confirmación en la propia vida de uno. El valor de la escritura de un hombre, depende del grado en que su vida es en sí misma un ejemplo de su enseñanza".*

2. El alumno calificado

La actitud del alumno indio hacia su materia, sin importar cuál sea, está convenientemente ilustrada en el dominio especial de la filosofía ortodoxa *brahman*, en las primeras páginas de un tratado literario para principiantes, que data de mediados del siglo XV d. C. , conocido como *Vedantasara*, "La Esencia (*sara*) de las Doctrinas de Vedanta". Por supuesto, que se puede leer este texto traducido como se lee cualquier ensayo de *Locke, Hume* o *Kant*; pero debe tenerse en cuenta que las estrofas no estaban destinadas a ser asimiladas de esta manera. De hecho, quedamos advertidos desde el principio al ser confrontados con una discusión de la pregunta preliminar: "¿Quién es competente y en consecuencia, quien tiene derecho a estudiar el *Vedanta* para realizar la verdad?". La pregunta puede responderse fácilmente, en lo que respecta a nosotros mismos: "Nosotros los occidentales no. No los intelectuales". Esto pronto quedará muy claro.

El "estudiante competente" (*adhikarin*), cuando se acerca al estudio del *Vedanta*[1], no debe sentir una actitud de crítica o curiosidad, sino una absoluta fe (*sraddha*) de que en las fórmulas del *Vedanta*, tal como están a punto de serle comunicadas, él descubrirá la verdad. Además, debe estar

---

1. Vedanta (Sánscrito). Literalmente: "el fin o corona de los Vedas". Es el principal sistema filosófico de la India, que se ha desarrollado gracias a los esfuerzos de generaciones de sabios para interpretar el significado secreto de los Upanishads. Es atribuido a Vyâsa, el compilador de los Vedas. Los indos ortodoxos llaman al Vedanta (palabra que significa literalmente "fin u objeto de todo conocimiento (védico)", Brahma-jñâna o puro y espiritual conocimiento de Brahma. El Vedanta debe tener una antigüedad de unos 3.300 años, puesto que se afirma que Vyâsa vivió 1.400 años antes de J. C. Sankaracharya, que fue el popularizador del sistema vedantino y el fundador de la filosofía advaita, es llamado algunas veces el fundador de las modernas escuelas de la Vedanta. La filosofía Vedanta es la ciencia de lo Abstracto, la única Realidad, mientras que el universo concreto es considerado como una ilusión. De un modo general se ocupa del conocimiento de Brahma (Brahma-jñâna) expuesto en los Vedas. Según las enseñanzas del Vedánta, Paramâtmâ (Alma universal o Brahma) es la omnisciente y omnipotente causa de la existencia, mantenimiento y disolución del universo; es la Causa eficiente y material del mundo; la creación es un acto de su voluntad; al llegar la consumación del universo, todas las cosas se resuelven en El. El Vedânta se divide en tres escuelas. 1°, la dualista o dvaita; 2°, la dualista con diferencia o vizichtadvaita y 3°, la monista, no dualista o advaita, de la cual fue Sankaracharya su ferviente apóstol.

lleno de un anhelo de liberarse de los estorbos de la vida mundana, un anhelo ferviente de liberarse de la esclavitud de su existencia como individuo atrapado en el vórtice de la ignorancia. Esto se conoce como *mumuksutva*, o *moksa-iccha*: "el deseo de liberación". Así como un hombre que lleva sobre su cabeza una carga de leña que se ha incendiado, se apresura a ir a un estanque para apagar las llamas, del mismo modo debe hacerlo el *adhikarin*, chamuscado con los dolores enloquecidos del fuego de la vida en el mundo, su nacimiento, su muerte, su futilidad auto-engañosa, va corriendo hacia un gurú erudito en los Vedas, quien, habiendo alcanzado él mismo la meta del *Vedanta*, ahora mora sereno en una conciencia ininterrumpida de la esencia del ser imperecedero. El *adhikarin* debe venir a este *gurú* con regalos en la mano, listo para servir y preparado para obedecer en todos los sentidos.

"El estudiante competente es un aspirante que, por haber estudiado de acuerdo con el método prescrito los Cuatro Vedas y sus 'extremidades' (vedanga), ya tiene una comprensión general del saber védico. También debe haberse limpiado de todos los pecados que se aferran a él, pecados de ésta o de existencias anteriores, por haberse abstenido de todos los rituales para el cumplimiento de los deseos mundanos y de causar daño a otros, mientras realiza fielmente las devociones diarias ortodoxas y los ritos obligatorios especiales para todas las ocasiones, tales como el nacimiento. Además, debe haber practicado las austeridades especiales que conducen a la expiación del pecado y todas las meditaciones ortodoxas usuales diseñadas para conducir a la concentración de la mente".

Los "ritos" potenciales descritos anteriormente son para la purificación de la mente, las "meditaciones" están destinadas a llevarla a un estado de "unificación". Según la creencia tradicional, el cumplimiento de estos ritos y devociones prescritos, llevará al devoto después de la muerte al "cielo de los antepasados" (*pitr-loka*) o a la "esfera de la verdad" superior (*satya-loka*). Pero tales resultados placenteros no son considerados por el adepto del *Vedanta* como importantes o incluso deseables; son meros subproductos de la disciplina, paradas en el camino, en las que ya no está interesado. Todavía están dentro de los mundos del nacimiento y no representan más que una continuación de la ronda del ser (*samsara1*), aunque de hecho un episodio extremadamente dichoso de la ronda, que se dice que perdura durante innumerables milenios.

1. Sansara o Samsara (Sánscrito). Literalmente: "rotación"; el océano de nacimientos y muertes. Los renacimientos humanos representados como un círculo continuo, una rueda siempre en movimiento. La vida o existencia mundana; el ciclo de existencias; la transmigración; la vida transmigratoria; el ciclo o rueda de nacimientos y muertes; la rotatoria corriente de la existencia individual; el paso de una existencia a otra; las vicisitudes del mundo, de la vida y muerte; el proceso mundano.

Más que las bienaventuranzas del cielo, lo que el *vedantista* desea es ver a través y más allá del carácter ilusorio de toda existencia, sea cual fuere, tanto la de las esferas superiores como la del plano terrestre denso. Ha sacrificado por completo todo pensamiento del disfrute de los frutos de sus buenas obras; cualquier recompensa que pueda acumularse como resultado de su perfecta devoción, la entrega a la divinidad personal a la que sirve. Porque sabe que no es él mismo quien actúa, sino la *Persona Espiritual*[1] que mora omnipresente dentro de sí mismo y de todas las cosas y a quien él, como adorador, está totalmente consagrado: el Dios que es el Ser (*Atman*) dentro de su corazón.

Los medios necesarios para trascender la ilusión, que el estudiante debe ser competente para aplicar, son: en primer lugar, "la discriminación entre lo permanente y lo transitorio" (*nitya-anitya-vastu-viveka*).

"Solo Brahman" -leemos- *"es la sustancia permanente, todo lo demás es transitorio".* Todos los objetos de este mundo que son agradables a los sentidos, las guirnaldas de flores, los perfumes, las mujeres hermosas, las gratificaciones de todo tipo, son meramente transitorios; vienen como resultado de nuestras acciones (*karma*). Pero los placeres del mundo venidero, no son personales y son el mero resultado de los actos.

"Un desprecio inquebrantable por cualquier cosa de esa ilusión, una vez que ha sido reconocida como tal", es el segundo requisito del estudiante de *Vedanta*. Debe renunciar, sincera y eficazmente, a todo fruto posible de sus actos virtuosos. Esta es la verdadera renuncia: *ihamutrarthaphalabhogaviragah*, "indiferencia (*viragah*) al disfrute (*bhoga*) de los frutos (*phala*) de la acción (*artha*) ya sea aquí (*iha*) o en el mundo venidero (*amutra*)".

El tercero de los medios necesarios es "la concentración" y esto se discute bajo el título de "Los Seis Tesoros", el primero de los cuales es *sama*, la "quietud mental, pacificación de las pasiones". *Sama* es la actitud, o modo de comportamiento, que evita que la mente se perturbe por los objetos de los sentidos; la única actividad de los sentidos permitida al estudiante de filosofía es la de escuchar ansiosamente las palabras de su gurú.

El segundo tesoro, *dama*, representa una segunda etapa de autocon-

---

1. La Persona Espiritual, también es denominada el Yo Superior o Supremo. El Yo supremo es Atma, el rayo inseparable del Yo uno y universal. Es el Dios que está por encima, más que dentro de nosotros. "Feliz el hombre que logra saturar de Él su Ego interno". ("La clave de la Teosofía", de H. P. Blavatsly, editorial ELA). La idea de que el hombre en su Yo interior es uno con el Yo del universo "Yo soy Eso", impregna tanto y tan profundamente todo el pensamiento indio, que con frecuencia se designa al hombre como: "la ciudad divina de Brama", "la ciudad de nueve puertas", Dios que mora en la cavidad de su corazón. En el Manduka Upanishad, el Yo es descrito como condicionado por el cuerpo físico, el cuerpo sutil y el cuerpo mental y elevándose luego por encima de todos ellos en el Único "sin dualidad".

trol, "la subyugación de los sentidos". Según la ciencia hindú clásica de la mente, el hombre tiene cinco facultades de percepción (oído, tacto, vista, gusto, olfato), cinco facultades de actuación (habla, prensión, locomoción, evacuación, generación) y un "órgano interno" controlador (*antahharana*) que se manifiesta como ego (*ahankara*), memoria (*cittam*), comprensión (*buddhi*) y cogitación (*manas*). *Dama* se refiere al alejamiento decisivo de todo este sistema del mundo exterior.

El siguiente tesoro, *uparali,* es el "cese completo" de la actividad de las facultades sensoriales de percibir y actuar. El cuarto, es *titiksa*, "resistencia, paciencia", representa el poder de soportar sin la menor perturbación los extremos del calor y el frío, la prosperidad y la aflicción, el honor y el abuso, la pérdida y la ganancia y todos los demás "pares de opuestos" (*dvandva*). El alumno está ahora en condiciones de conducir a su mente más allá de las distracciones del mundo.

El quinto de los tesoros, por lo tanto, se vuelve ahora alcanzable: *samadhana*[1], la "constante concentración de la mente". El alumno es capaz de mantener su atención fija en las enseñanzas del gurú y puede detenerse sin interrupción en los textos sagrados o en los símbolos y temas inefables de sus intensas meditaciones". *Sam-a-dha* significa "juntar, unir, componer, coleccionar; concentrar, fijar, aplicar intensamente (como el ojo o la mente)". *Samadhana* es el estado alcanzado así, como la actividad misma. Es una fijación de la mente en algo en una contemplación absolutamente imperturbable: una profunda meditación, firmeza, serenidad, paz mental, perfecta absorción de todo pensamiento en el único objeto".

Después de esto, se puede lograr el sexto tesoro, que es la fe perfecta. La discriminación, la renuncia, los "seis tesoros" y un anhelo de liberación (*mumuksutva*), son los medios mismos por los que el filósofo indio llega a su meta de comprensión. El neófito debe ser competente para dominarlos. Su corazón y su mente ya deben haber sido limpiados por los rituales preliminares y las austeridades de las prácticas religiosas ortodoxas de su comunidad. Debe estar suficientemente instruido en las Sagradas Escrituras y entonces, debe ser capaz de llegar a poseer estos "medios necesarios" para trascender la ilusión. *"Tal aspirante"* -leemos- *"es un estudiante calificado".*

---

1. Samadhana (Sánscrito). Aquel estado en que el yoguî no puede ya desviarse del sendero del progreso espiritual; en que todo lo terrestre, excepto el cuerpo físico, ha cesado de existir para él. Es la cualidad que hace al estudiante incapaz, por naturaleza, de apartarse del recto camino. Todos los móviles egoístas que tientan al hombre a desviarse del camino elegido pierden su dominio sobre él y éste se va perfeccionando hasta un grado tal que, a la voz del deber, puede, sin vacilar lo más mínimo, emprender cualquier ocupación mundana con la certeza de volver a su vida habitual una vez cumplida la tarea que se impuso él mismo.

3. La filosofía como poder

En Oriente, la sabiduría filosófica no forma parte de la información general. Es un aprendizaje especializado dirigido al logro de un *estado superior del ser*. El filósofo es alguien cuya naturaleza ha sido transformada, reformada a un patrón de estatura realmente sobrehumana, como resultado de haber sido penetrado por el *poder mágico de la verdad*. Es por eso que el futuro alumno debe ser examinado cuidadosamente.

La palabra *adhikarin*, significa literalmente, como adjetivo: "con derecho a, con título para, con autoridad, con poder, calificado, autorizado, apto para"; también, "perteneciente a, propiedad de" y como sustantivo, "un oficial, un funcionario, jefe, director, reclamante legítimo, maestro, dueño, un personaje calificado para realizar algún sacrificio u obra sagrada".

La filosofía es sólo uno de los muchos tipos de sabiduría o conocimiento (*vidya*)[1], cada uno de los cuales lleva a algún fin práctico. Así como los otros *vidyas* conducen a logros que pertenecen a las maestrías especiales del artesano, sacerdote, mago, poeta o bailarín, así la filosofía termina en el logro de un *estado divino* tanto *aquí* como en el *más allá*. Cada tipo de sabiduría trae a su poseedor su poder específico y esto viene inevitablemente como consecuencia del dominio de los respectivos materiales. El médico es el maestro de las enfermedades y las drogas, el carpintero el maestro de la madera y otros materiales de construcción, el sacerdote de los demonios e incluso de los dioses en virtud de sus encantamientos y rituales de ofrenda y propiciación. Correspondientemente, el yogui-filósofo es el amo de su propia mente y de su cuerpo, de sus pasiones, de sus reacciones y de sus meditaciones. Es alguien que ha trascendido las ilusiones de los deseos y de todos los demás tipos de pensamientos humanos normales. No siente desafío ni derrota en la desgracia. Está absolutamente más allá del toque del destino.

La sabiduría, en Oriente, no importa de qué clase sea, debe ser guardada celosamente y comunicada con moderación y además, sólo a alguien capaz de convertirse en su receptáculo perfecto; porque además de represen-

1. Ver Vidya, en la nota de la página 40.

73

tar una cierta habilidad, cada departamento de aprendizaje lleva consigo un poder que puede ascender casi a la magia, un poder para hacer que suceda lo que sin él parecería un milagro. La enseñanza que no tiene la intención de comunicar tal poder, simplemente tiene esa consecuencia y la comunicación a alguien que no es apto para ejercer este poder adecuadamente, sería desastrosa.

Además, la posesión de la sabiduría y sus potencias especiales se consideraba en la antigüedad como una de las porciones más valiosas de la herencia familiar. Como un tesoro, fue transmitido con todo cuidado, según el orden padre-hijo de descendencia. Los encantamientos, los hechizos, las técnicas de los diversos oficios y profesiones y finalmente, la filosofía misma, originalmente se comunicaban solo de esta manera. El hijo seguía al padre. Para la generación en crecimiento había poca indulgencia de elección. Así se evitaba que se esfumaran los instrumentos del prestigio familiar. Y así es como los himnos védicos, originalmente pertenecían exclusivamente a ciertas grandes líneas familiares.

De los diez libros del *Rig-vcda* (que es el más antiguo de los *Vedas* y de hecho, el documento existente más antiguo de cualquiera de las tradiciones indoeuropeas), el segundo y los siguientes son los llamados "Libros familiares", que contienen grupos de potentes versos que antiguamente eran propiedad protegida de las antiguas familias de sacerdotes y santos cantores. Los antepasados de los diversos clanes compusieron las estrofas para conjurar a los dioses al sacrificio, propiciarlos y ganar su favor. Estos himnos fueron revelados a esos cantores ancestrales durante su relación (en visión) con los dioses mismos. Entonces, los propietarios ocasionalmente marcaban su propiedad, ya sea dejando que sus nombres aparecieran en algún lugar de los versos o, como ocurría con mayor frecuencia, con una estrofa de cierre característica, que generalmente se reconocería como una marca de destino. Así como los rebaños de las familias arias criadoras de ganado en los tiempos védicos, se distinguían por alguna marca o corte en el carro, el flanco o en otra parte, así también los himnos, con el mismo sentido aristocrático de la fuerza y la consiguiente preciosidad, de la propiedad. Porque si la sabiduría que produce un arte y un dominio especiales, ha de ser guardada celosamente, entonces cuanto más altos sean los poderes involucrados, más cuidadosa debe ser la tutela y esto particularmente cuando los poderes son los mismos dioses, las fuerzas motrices de la naturaleza y el cosmos.

Los rituales cautelosos y complejos, diseñados para conjurarlos y relacionarlos con los propósitos humanos, ocuparon en la antigüedad védica (como también en la homérica) precisamente el lugar que hoy ocupan ciencias como la física, la química, la medicina y la bacteriología. Un himno poderoso era tan precioso para esa gente, como lo es para nosotros el secreto de un nuevo superbombardero o el plano del último dispositivo para un submarino. Tales cosas eran valiosas no solo para el arte de la guerra, sino también para la competencia comercial de los tiempos de paz.

La historia temprana y posterior de la India se caracterizó por un estado de batalla prácticamente continua, invasiones desde el exterior y luchas por la supremacía entre los barones feudales y los déspotas reales posteriores. En medio de todo este tumulto, las fórmulas religiosas de los brahmanes védicos, fueron consideradas y utilizadas como un arma secreta muy preciada, comparable a la de las tribus de Israel, cuando conquistaron *Canaán* bajo el mando de su jefe Josué y destruyeron los muros de Jericó con un toque mágico de sus cuernos de carnero. Fue gracias a una sabiduría superior, que los invasores arios de la India pudieron derrotar a las poblaciones pre-arias nativas, mantener sus dominios en la tierra y en última instancia, extender su dominio sobre el subcontinente. Las naciones conquistadas fueron entonces clasificadas como la *casta cuarta, no ariana*, de los *Sudra*, excluidas despiadadamente de los derechos y la sabiduría dadora de poder de la sociedad de los conquistadores y se les prohibió adquirir incluso un atisbo de las técnicas de los conquistadores, la religión védica.

Leemos en los primeros *Dharmasastras*, que si un *Sudra* escucha por casualidad la recitación de un himno védico, debe ser castigado a que le labren los oídos con plomo fundido. Esas fórmulas sagradas eran para los *Brahmanes* (los sacerdotes, magos y guardianes del poder sagrado), los *ksatriyas* (reyes, jefes feudales y guerreros) y los *vaisyas* (campesinos, artesanos y burgueses de linaje ario) y solo para ellos. Este patrón de secretismo y exclusión arcaicos, se ha mantenido a lo largo de todos los períodos y en todos los aspectos de la vida india. Es característico de la mayoría de las tradiciones sagradas de las que se han extraído la mayor parte de los elementos de la filosofía india, particularmente los de origen ario, pero también, en muchos detalles importantes, incluso de los que están fuera del control ario y brahmánico.

Las tradiciones no védicas: *el budismo, el jainismo, el samkhya* y *el yoga*, carecen de las resistencias familiares y de casta, propias de las líneas védicas; sin embargo, exigen de cualquiera que se acerque a sus misterios, una entrega tan completa a la autoridad del maestro espiritual, que cualquier retorno a la vida anterior se vuelve imposible. Antes de que un estudiante de una de estas disciplinas indias no arias, pueda entrar en el *templo interior* y realmente alcanzar la meta de la doctrina, debe despojarse por completo de su familia heredada, con todas sus formas de vida y renacer como miembro de la misma orden[1].

Las ideas principales de la doctrina secreta de *Brahman*, tal y como se desarrolló y formuló a fines del período védico (hacia el siglo VIII a. C.), se conservan en los *Upanishads*[2]. Estos representan una especie de formación de postgrado altamente especializada, que el profesor era libre de impartir o de retener. El alumno tenía que ser verdaderamente un *adhikarin*, para recibir tal conocimiento esotérico, verdaderamente maduro y perfectamente apto, para soportar la sabiduría revelada. En el período en que se concibieron los libros por primera vez, las restricciones impuestas fueron aún más severas que en épocas posteriores. Uno de los principales *Upanishads*, contiene la advertencia de que su enseñanza debe transmitirse, no simplemente de padre a hijo, sino sólo al hijo mayor, es decir, al doble juvenil del padre, su alter ego renacido "y a nadie más, sea quien sea". Y en la estratificación algo posterior de los *Upanishads* métricos leemos: *"Este secreto tan misterioso no será impartido a nadie que no sea un hijo o un alumno y que aún no haya alcanzado la tranquilidad"*. Debe tenerse en cuenta que el término equivalente con el que se describe en todas partes la palabra *Upanishad* es *rahasyam*, "un secreto, un misterio". Porque esta es una doctrina secreta y oculta que revela *satyasya satyam,* "la verdad de la verdad".

Este mismo carácter antiguo de secreto, distanciamiento y exclusión, se conserva incluso en las obras del gran período más reciente de la filosofía y de la enseñanza hindúes, a saber, el de los *Tantras*, que representan un desarrollo del período medieval, perteneciendo la literatura *tántrica* en su forma actual principalmente a los siglos posteriores al 300 d. de C. Estos textos, en general, se supone que representan conversaciones secretas sostenidas entre *Shiva*[3], el Dios supremo y su *Shakti* o esposa, la Diosa suprema;

---

1. Para más datos, consultar la obra de Zimmer: "La filosofía Samkhya y el yoga", editorial ELA. El Samkhya y el Yoga, desarrollaron los principios del jainismo y prepararon el terreno para la posterior declaración contundente y antibrahmánica de Buda. "Samkhya y Yoga", se consideran en la India como gemelos, los dos aspectos de una sola disciplina. El Samkhya ofrece una exposición teórica básica de la naturaleza humana, enumerando y definiendo sus elementos, analizando su forma de cooperación en el estado de unión (bandha) y su estado de separación en la liberación (moksa). Mientras que el Yoga trata específicamente la dinámica del proceso de desenmarañado y describe las técnicas prácticas para obtener la liberación o el "aislamiento-integración" (kaivalya)".

2. Ver nota página 24.

3. Siva, Shiva o Ziva (Sánscrito). Tercera persona de la Trimûrti o Trinidad inda. Es un dios de primer orden y en su carácter de Destructor es más elevado que Vishnu, el Conservador, puesto que destruye sólo para regenerar en un plano superior. Nace como Rudra, el Kumara y es el patrón de todos los yoguis, siendo llamado, como tal, Maha yogui, el gran asceta. Sus títulos son expresivos: Trilochana "el de tres ojos", Mahadeva "gran dios", Zankara y otros muchos más. [Véase: Zankara, Ziva-Rudra, Mahezvara, Trimûrti, Linga, etc., en "Glosario Teosófico", editorial ELA.]

primero uno escuchando como alumno, luego al contrario y cada uno escuchando con toda atención a medida que la verdad de la esencia secreta del otro, que crea, preserva y guía el mundo, se da a conocer en poderosos versos[1]. Cada uno enseña la forma de romper el hechizo del desconocimiento que mantiene a la conciencia individual atada a la fenomenalidad. Los textos *tántricos*[2] insisten en el carácter secreto de su contenido y no deben ser dados a conocer a los incrédulos o incluso a los creyentes que no están iniciados en los círculos más íntimos del adepto.

En Occidente, por el contrario, el orgullo de la filosofía es que está abierta a la comprensión y a la crítica de todos. Nuestro pensamiento es *exotérico*[3] y eso es considerado como uno de los signos y pruebas de su validez universal. La filosofía occidental no tiene una doctrina secreta, sino que desafía a todos a escudriñar sus argumentos, exigiendo nada más que inteligencia y una imparcialidad de mente abierta para su discusión. Por este llamamiento general, ha ganado su ascendencia sobre la sabiduría y la enseñanza de la Iglesia, que requería que ciertas cosas se dieran por sentadas, como establecidas de una vez por todas por la revelación divina, e incuestionablemente establecidas por las interpretaciones de los padres inspirados, papas y concejos. Nuestra popular filosofía moderna, que navega tras la amplia estela de las ciencias naturales, no reconoce otra autoridad que la prueba mediante experimentos y pretende no basarse en otros supuestos que los racionalmente elaborados como el resultado teórico lógico de datos digeridos crítica y metódicamente, derivados a través de los sentidos y la experiencia registrada y controlada por la mente y el aparato impecable de los laboratorios.

Me pregunto hasta qué punto sentimos en nuestra civilización que el hombre que asume la profesión de filósofo, se vuelve misteriosamente poderoso. Los empresarios que controlan nuestra economía, vida social, política interna y asuntos exteriores, generalmente sospechan de los filósofos, absortos en nociones elevadas que no se aplican fácilmente a las emergencias actuales, los "profesores", solo tienden a complicar las cosas con su enfoque abstracto y además, no son muy afortunados como sostén de la familia o gerentes prácticos. *Platón,* lo sabemos, una vez probó suerte en el gobierno. Intentó ayudar a un tirano de Sicilia que lo había invitado a ir y establecer un

---

1. Shakti, Sakti o Zakti (Sánscrito). La energía femenina activa de los dioses; en el Indoísmo popular, los zaktis son sus esposas o diosas. La Fuerza y las seis fuerzas de la naturaleza sintetizadas. La Energía universal. Un poder; la fase negativa de una fuerza cualquiera; la esposa de un dios, siendo el dios la fase positiva de la fuerza. Véase: "Los chakras y el poder serpentino" A. Avalon, ed. ELA
2. Sobre Tantra y tantrismo, ver prólogo del traductor, en la página 14.
3. Exotérico. Externo, lo que conoce el vulgo; público, exterior. Lo opuesto a esotérico u oculto, secreto. Voz derivada del griego esotéricos, "interno", "recóndito". Lo que se oculta a la generalidad de la gente y se revela sólo a los iniciados; en contraposición a exotérico (público o externo).

gobierno modelo según las líneas filosóficas más elevadas. Pero los dos pronto se pelearon y el tirano terminó por arrestar al filósofo, ofreciéndolo en venta en el mercado de esclavos de la misma capital, que habría sido la cuna de una edad de oro y la ciudad modelo de un orden justo, altamente filosófico y representante de un estado definitivamente satisfactorio de los asuntos humanos. *Platón* fue comprado de inmediato por un amigo que lo liberó y regresó a su patria, la liberal y democrática Atenas, cuyo gobierno corrupto y confuso siempre le había disgustado por completo. Allí se aprovechó del único escape y consuelo que siempre está abierto al intelectual. Escribió un libro, su inmortal "*La República*", al que seguirían después "*Las Leyes*". A través de estos, el filósofo varado y aparentemente impotente, dejó su impresión -secreta en ese momento, pero inconmensurable en todos los sentidos- en los siglos, de hecho en los milenios, por venir.

También, cuando *Hegel* murió repentinamente de cólera en 1831, su filosofía se derrumbó públicamente y fue ridiculizado durante las siguientes ocho décadas por los profesores de filosofía de su país. En su propia Universidad de Berlín, en una fecha reciente, cuando yo era un estudiante sentado a los pies de su cuarto sucesor, *Alois Riehl*, un hombre encantador y de mentalidad noble, que ocupaba el lugar supremo entre los intérpretes de las teorías de la crítica de *Hume* y *Kant* del entendimiento humano, tuvimos que escuchar una serie de meras bromas, en el momento en que el profesor se embarcó en una revisión de la filosofía de *Hegel*. Y, sin embargo, ese mismo *Hegel* estuvo a punto de ser redescubierto por mi propia generación, siguiendo el inspirador liderazgo del viejo *Wilhclm Dilthey*, que acababa de ceder su cátedra a *Riehl* y se retiró de la enseñanza. Surgieron los *neohegelianos* y el filósofo ganó el reconocimiento académico oficial que le correspondía. Pero mientras tanto, fuera de las universidades, fuera de los canales de la doctrina oficial, las ideas de *Hegel*, habían ido ejerciendo una influencia en el curso de los acontecimientos mundiales, junto a las cuales la importancia del sello académico de aprobación, se reduce a la nada. Incluso el fiel hegelianismo de *Bolland* y sus seguidores, en los Países Bajos, que continuó y se desarrolló después de que la reputación del filósofo se derrumbara en Alemania y la tradición hegeliana en el sur de Italia, que culminó con la obra de *Benedetto Croce*, parecen insignificantes en comparación con el peso de la influencia de *Hegel* en los asuntos del mundo moderno. Porque el sistema de *Hegel,* fue la inspiración de *Karl Marx* y su pensamiento dialéctico inspiró la estrategia política y psicológica de *Lenin*. Además, su pensamiento fue la inspiración de *Pareto*, el padre intelectual del fascismo. Así, el impacto práctico de las ideas de *Hegel* sobre los poderes no democráticos de

Europa -y eso significa, por supuesto, sobre los asuntos de todo el mundo moderno- es quizás insuperable. En el momento actual es comparable en magnitud al poder de la autoridad duradera de la filosofía de *Confucio* en China, que dio forma a la historia de esa tierra desde el siglo III a. de C., hasta la revolución de *Sun Yat-sen*; o a la fuerza del pensamiento de *Aristóteles* en la Edad Media y (en virtud de la influencia de los jesuitas) en la época moderna.

Aunque los filósofos, para sus vecinos, casi invariablemente parecen ser inofensivas ama de casa, maestros académicos poco agresivos, tal vez incluso náufragos, despreciables para el hombre de acción testarudo, a veces están lejos de serlo. Más bien fantasmagóricos e invisibles, conducen los batallones y las naciones del futuro en los campos de batalla de la revolución, empapados de sangre.

La India, la India soñadora, filosófica, poco práctica y desesperadamente fracasada en el mantenimiento de su libertad política, siempre ha defendido la idea de que la sabiduría puede ser un poder, si (y este es un "si" que debe tenerse en cuenta) la sabiduría impregna, transforma, controla y moldea la totalidad de la personalidad. El sabio no debe ser una biblioteca de filosofía andando sobre dos piernas, una enciclopedia con voz humana. El pensamiento mismo ha de convertirse en él en vida, en carne, en ser y en habilidad en el acto. Y entonces cuanto mayor sea su realización, mayor será su poder. La magia de *Mahatma Gandhi*[1] debe entenderse, por ejemplo, de esta manera. La fuerza de su presencia modelo sobre las masas hindúes, deriva del hecho de que en él se expresa una identidad de sabiduría ascética (como estilo de existencia) con la política (como actitud efectiva frente a las

1. Mahatma Gandhi, fue el precursor de la "resistencia no violenta" que utilizó en una exitosa campaña por la liberación de India del dominio británico, que terminó en agosto de 1947, con la independencia de India. Esta idea ha inspirado a los movimientos de los derechos civiles y por la libertad en todo el mundo. Estudió derecho en Londres y se hizo abogado a los 22 años. Siendo estudiante en Londres y siguiendo la promesa que le había hecho a su madre, de mantenerse vegetariano, conoció en un restaurante vegetariano, a personajes como Edward Carpenter, George Bernard Shaw y la teósofa Annie Besant, que eran idealistas y rebeldes, rechazaban los valores de la sociedad victoriana tardía y no contentos con la sociedad inglesa trataban de mejorarla, denunciando los males de la sociedad capitalista e industrial, predicando el culto de una vida simple y dando superioridad a la moral frente a los valores materiales y a la cooperación frente al conflicto (Ideas plasmadas en la Teosofía promulgada por H. P. Blavatsky). Esas ideas contribuyeron sustancialmente a la configuración de la personalidad de Gandhi y fueron el fundamento de su política. De la mano de estas personalidades conoció la Biblia y la importancia del Bhagavad Gita, que más tarde traduciría al inglés y comentaría. Dos conceptos del Gita le fascinaron particularmente, Aparigraha ("la no posesión"), que implica que las personas tienen que deshacerse de los bienes materiales que obstaculizan la vida del espíritu y deshacerse de los lazos del dinero y de la propiedad y Samabhava ("la no aflicción"), que lleva a las personas a permanecer tranquilas frente al dolor o al placer, la victoria o la derrota y a trabajar sin esperanza de éxito o de miedo al fracaso. En esta editorial se han publicado las obras de Gandhi: "Bhagavad Gita, con los comentarios y notas de Gandhi", "Las claves de la salud" y "Sadhana. El camino hacia Dios".

cuestiones mundanas, ya sea de la vida cotidiana o de la política nacional). Su estatura espiritual se expresa y honra en el título que se le otorga: *Mahatma*: "cuya esencia de ser es grande", "aquel en quien la esencia suprapersonal, supraindividual, divina, que impregna todo el universo y mora dentro del microcosmos del corazón humano como la gracia animadora de Dios (*Atman*), ha crecido hasta tal magnitud que se ha vuelto completamente predominante (*Mahat*)"[1]. La *Persona Espiritual* se ha tragado y disuelto en él todos los rastros del ego, todas las limitaciones propias de la individuación personal, todas aquellas cualidades y propensiones limitantes y encadenadoras que pertenecen al estado humano normal, e incluso todo rastro que quede de las acciones motivadas por el ego (*karma*[2]), ya sea bueno o malo, ya sea derivado de esta vida o de hechos en nacimientos anteriores. Tales rastros de prejuicios de la personalidad, distorsionan la perspectiva de un hombre sobre los asuntos mundanos e impiden que se acerque a la verdad divina. Pero el Mahatma, es el hombre que se ha transformado en su ser a través de la sabiduría y el poder de tal presencia para hacer magia, aún podemos vivir para verlo.

1. Mahat o Mahant (Sánsc.). Literalmente: "El grande". Primer Principio de conciencia e inteligencia universales [o cósmicas]. En la filosofía puránica es el primer producto de la Naturaleza radical o Pradhâna (o sea el Mûlaprakriti); el productor del Manas (principio pensador) y del Ahankâra (egotismo o sentimiento del "yo soy yo" (en el Manas inferior). Mahat es el nombre que, por antonomasia, se da al Buddhi o Mahâbuddhi, intelecto o principio intelectual. Significa también: grande, vasto, abundante, numeroso, considerable, poderoso, eminente, ilustre, etc.

2. Karma (Sánscrito). Físicamente, acción; metafísicamente, la LEY DE RETRIBUCIÓN, la Ley de causa y efecto o de Causación ética. El Karma no castiga ni recompensa; es simplemente la Ley única, universal, que dirige infaliblemente y por decirlo así, ciegamente, todas las demás leyes productoras de ciertos efectos a lo largo de los surcos de sus causacíones respectivas. Sólo aquello que es inmortal en su misma naturaleza y divino en su esencia, esto es, el Ego, puede existir para siempre. Y siendo el Ego el que elige la personalidad que va a animar, después de cada Devachán y el que recibe por medió de dichas personalidades los efectos de las causas Kármicas producidas, de ahí que el Ego, el Yo que es el "núcleo moral" de que se ha hecho mención y Karma encarnado, sea "lo único que sobrevive a la muerte". El hombre es quien traza y crea las causas y la ley kármica ajusta los efectos y este ajustamiento no es un acto, sino la armonía universal que tiende siempre a recobrar su posición primitiva, como una rama de árbol, que si se dobla con violencia, rebota con la fuerza correspondiente. El Karma no ha tratado jamás de destruir la libertad intelectual e individual, como el dios inventado por los monoteístas. El Karma es una ley absoluta y eterna en el mundo de manifestación y como sólo puede haber un Absoluto, como una sola Causa eterna siempre presente, los creyentes en el Karma no pueden ser considerados como ateos o materialistas y menos aún como fatalistas, puesto que el Karma es uno con lo Incognoscible, de lo cual es un aspecto, en sus efectos en el mundo fenomenal. La ley del Karma se halla inextricablemente ligada con la de la Reencarnación.

4. El Morir alrededor del Poder Sagrado

El sabio es a la vez adorado y temido por la milagrosa fuerza de su alma que irradia al mundo. Un hombre de saber, que se ha transformado a sí mismo a través de la sabiduría, se parece más a un primitivo *chamán*, a un sacerdote védico o a un hechicero-mago, que al habitual Doctor en Filosofía. O bien, es como un asceta indio que, mediante austeridades auto-infligidas, ha superado sus límites humanos y ha adquirido tales poderes, que incluso los dioses que gobiernan las suertes y esferas del universo, están bajo su control.

En la mayoría de los textos védicos, se dan declaraciones precisas sobre las recompensas milagrosas específicas o los poderes mágicos que uno puede esperar obtener de los diversos tipos de aprendizaje comunicados. *"Yo evam veda"* (Quien sabe así o el que sabe de esto), es una fórmula que se encuentra continuamente. *"Quien sabe así, asimila en sí mismo los poderes sobrehumanos de los que ha llegado a comprender la eficacia secreta y la esencia a través del estudio y la práctica de esta lección".*

Podemos seleccionar de la vasta colección, una ilustración que mostrará suficientemente el culto que se rendía a cada tipo de conocimiento y al poseedor del conocimiento. Este es un texto que es a la vez un documento de metafísica y una curiosa receta de poder, una terrible arma secreta del *arthashastra*[1], la sabiduría de la política. Ha sobrevivido hasta nosotros en los campos de batalla feudales del profundo pasado indoario: la era caballeresca que se refleja en la desastrosa guerra del *Mahabahara*[2]. Esta guerra, que ha hizo tan famosa en los anales de la civilización india, tuvo lugar en un período en que los escritos en prosa de los textos llamados *Brahmana* y los primeros *Upanishads*, se estaban fijando en las formas en que se conservan

1. Arthashastra. Ver noya página 44.
2. Mahabharata: poema épico hindú, semejante en envergadura a la Iliada y a la Odisea griegas, del que forma parte el Bhagavad Guita: 'La canción del bienaventurado' o 'La canción del Señor'. Un poema sánscrito compuesto por 701 versos y dividido en 18 capítulos, que se considera una de las escrituras sagradas hindúes más importantes y es clave en el estudio de Yoga. Fue escrito en forma de diálogo entre la encarnación del dios: Krishna y un héroe humano, el príncipe Arjuna.

hasta el día de hoy. Nuestro ejemplo de magia metafísica, por lo tanto, puede haber sido empleado por uno o más de los comensales reales. Se conserva en una compilación en prosa exegética que pertenece a la tradición del *Rig-veda*[1], conocida como *Aitareya Brahmana* (y se llama "La muerte en torno al Poder Sagrado"):

"Ahora viene la muerte en torno al poder sagrado (brahmanah pari-marah). Alrededor de quien conoce la muerte, en torno al poder sagrado, mueren los rivales que compiten con él y lo odian.

Aquel que sopla aquí [es decir, el viento, un soplo de vida omnipresente y siempre en movimiento del macrocosmos, el soplo vital (prana[2]) del universo] es el Poder Sagrado (Brahman). [Ese Brahman es la vida secreta -esencia de todo-. "Quién sabe así", Yo Evam Veda, participa en la fuerza implacable de ese principio vital y en su propia esfera restringida, puede representar su papel abrumador.]

Alrededor de él [quien sopla aquí] mueren estas cinco deidades: el relámpago, la lluvia, la luna, el sol, el fuego. Relámpago tras relámpago, entra en la lluvia [se desvanece en la lluvia, desaparece, se disuelve, muere en la lluvia]; está oculto y entonces los hombres no lo perciben".

Esa es la declaración básica del encanto; ahora el paralelismo para la esfera humana:

---

1. Rig-Veda, palabra compuesta de rich o richa: "versos sagrados" y vedah: "conocimiento". Los himnos del Rig-Veda, son los más antiguos vestigios que se conservan de la tradición hindú y la parte más antigua de los cuatro libros de los Vedas, derivándose la mayor parte de esta obra de ellos. Se transmitían por tradición oral y se utilizaban en sacrificios rituales, hasta que fueron puestos por escrito en escritura Gupta o Siddham y en sánscrito, alrededor del siglo XI de nuestra era, y más tarde en lengua devanagari y en otros dialectos hindúes. Sus más de 1.000 himnos, compuestos por más de 10.000 versos, están organizados en 10 "mandalas" o círculos sagrados, dedicado a los dioses, muchos de ellos Arios, a los cuales se les invocaba para conseguir sus favores en aspectos materiales de la vida, como obtener la riqueza, la prosperidad y la victoria en la guerra. Cada uno de estos 10 mandalas está formado por suktas, hechos de versos o rich, de cuyo plural richas, viene el nombre Rig-Veda. En esta editorial, encontrarán una edición de los mismos titulada: "Los himnos mágicos del Rig-Veda", en una selección hecha por Brunet y Pauther.

2. Prana: fuerza o energía vital, la respiración corporal. De donde se deriva el término: Pranayama: técnicas yóguicas de control del Prana, mediante ejercicios respiratorios, Mudras y Bandhas; control de la respiración. Ver la obra de Swami Sivananda: "La ciencia del Pranayama" (Editorial ELA). Prana vayu: es la fuerza energizante fundamental. Es la energía vital que se mueve hacia adentro la que gobierna la respiración y la absorción, lo que nos permite absorber todo, desde aire y comida hasta impresiones e ideas. Proporciona energía propulsora, velocidad, motivación, vitalidad y la energía básica que nos impulsa en la vida. Prana vayu está más activo en la región de los pulmones y el corazón.

"Cuando un hombre muere, entonces se oculta y los hombres no lo perciben".

Y sobre la base de esta correspondencia macromicrcósmica aprendemos la siguiente técnica:

"El [que practica el encantamiento o ritual del moribundo en torno al poder sagrado, esta actuación mágica (karma) que constituye parte del 'camino de las acciones rituales' (karma -marga) para el logro de un estado sobrehumano] debe decir a la muerte del relámpago [es decir, el momento en que se ve que el destello desaparece en la lluvia]: 'Deja que mi enemigo muera, déjalo ocultarse, que no lo perciban!' [Esa es la maldición puesta sobre el enemigo, un encantamiento de destrucción por analogía, trabajando a distancia.] Rápidamente ellos [es decir, los amigos de la víctima, otras personas] no lo perciben".

Y ahora pasamos a la siguiente etapa del encantamiento:

"La lluvia, habiendo llovido, entra en la luna [porque la luna es considerada como el receptáculo y la fuente principal de la savia vital que todo lo vivifica de las aguas cósmicas; ésta, en forma de lluvia alimenta a los reinos vegetal y animal, pero cuando cesa la lluvia, el poder vuelve a entrar en la fuente de la que se hizo manifiesto, es decir, desaparece y muere en el Rey Luna, el recipiente de todas las aguas de la vida inmortal]; que está oculta y entonces los hombres no lo perciben".

Ahora de nuevo:

"Cuando un hombre muere, entonces se oculta y entonces los hombres no lo perciben. Él [el practicante del encantamiento] debe decir a la muerte de la lluvia: 'Dejad que mi enemigo muera, dejad que se oculte, que ¡No lo perciban!'. Y rápidamente, no lo perciben.
La luna en la conjunción entra en el sol; se oculta y entonces los hombres no la perciben. Cuando un hombre muere, entonces se oculta y los hombres no lo perciben. Debe decir a la muerte de la luna: '¡Que muera mi enemigo, que se oculte, que no lo perciban!'. Y rápidamente, no lo perciben.
El sol al ponerse entra en el fuego [el fuego doméstico y de sacrificio, que cada padre de familia mantiene ardiendo y adorado como la divini-

dad principal que preside y tutela de la casa védica; Agni ("fuego") es el mensajero de los dioses; en su boca se vierten las ofrendas; sobre la llama y el humo que se elevan, él luego vuela con las ofrendas a las moradas celestiales invisibles, donde él alimenta a sus divinidades hermanas de su boca, como un pájaro a sus crías]; está oculto; entonces los hombres hacen no percibirlo".

El encanto asesino, se proyecta nuevamente contra el enemigo. Que morirá como muere el sol cada noche cuando su luz y su calor son reabsorbidos por el fuego. El fuego del sacrificio sigue ardiendo desde la puesta del sol hasta el amanecer y la luz que en la mañana se manifiesta con el sol, se considera derivada de él. El fuego es, pues, de mayor poder que el sol.

"El fuego, respirando hacia adelante y hacia arriba, entra en el viento".

El viento es aire, el más alto poder sagrado del universo, *Brahman*, la fuerza vital del mundo; porque el viento persiste en soplar cuando todos los demás poderes del cuerpo del universo han cesado temporalmente de existir, cuando ya no se manifiestan sino que se han fundido entre sí, en su secuencia regular. Cualquiera que adore a uno de estos poderes menores como si fuera el más alto, comparte su debilidad y debe sucumbir ante aquel cuyo conocimiento superior de la fuerza más amplia, ha ganado una fuerza sin igual para él.

"Está [el fuego] escondido [en el viento]; los hombres no lo perciben..."

La maldición de la muerte se pronuncia entonces por última vez y esto pone fin a la primera fase del encantamiento. Pero ahora comienza la tarea de controlar el proceso inverso:

"De ahí nacen de nuevo estas deidades; del viento nace el fuego [fuego que se agita por medio de un palo girado en un agujero cortado en una tabla; el palo es de madera dura, la tabla de madera más blanda; la pequeña llama de fuego se posa en el tablero, como si fuera del aire]; porque del aliento (prana) nace, siendo encendido por la fuerza. [El viento en la forma de la energía del aliento vital (spiritvs, prana) dentro del hombre, unido a la fuerza corporal (bala) a través del esfuerzo del hombre durante

el proceso de batido, en realidad produce el fuego.].

Habiéndolo visto, debe decir: 'Que nazca el fuego; que no nazca mi enemigo; que se apresure'.".

Y luego el efecto:

"Lejos de aquí se apresura a partir. Del fuego nace el sol; habiéndo-lo visto, debe decir: 'Que nazca el sol; que no nazca mi enemigo; que se vaya lejos de aquí".

Lejos de ahí, que se apresura a marcharse.

"Del sol nace la luna..." y cuando la luna se vuelve visible, el opera-dor debe pronunciar el mismo encantamiento.

"De la luna nace la lluvia...".

El operador de la magia observa el relámpago que aparece y de nuevo lanza la maldición sobre su rival:

"'No dejes que mi enemigo nazca; lejos de aquí que se apresure a ale-jarse'".

Lejos de ahí, se apresura a marcharse.

"Esta es la muerte alrededor del poder sagrado. [Su eficacia está garantizada por su origen y éxito; de la siguiente manera:] Maitreya Kausarava proclamó esta muerte alrededor del poder sagrado a Sutvan Kairisi Bhargayana. [El primero era un sacerdote, el último un rey] Alrededor de él murieron cinco reyes; luego Sutvan alcanzó la grandeza (mahat)".

Se convirtió, en maharajá, habiendo reducido a todos los demás rajas al vasallaje o a la lealtad de los lores.

Hay una observancia especial o voto (vrata) que acompaña a este ritual mágico y que debe ser cumplido por quien lo realiza:

"No debes sentarse delante del enemigo; si crees que está de pie, también debes estar de pie. Tampoco debes acostarse delante del enemigo;

si crees que está sentado, debes sentarse también. Ni debes ir a dormir antes que el enemigo; si crees que está despierto, debes velar también".

Luego, por fin, el resultado de todas estas minuciosas observancias:

"Aunque tu enemigo tenga una cabeza de piedra, rápidamente lo derribas, lo derribas".

Este es un vívido espécimen de la magia del "quien así sabe", Yo Evam Veda. En la medida en que depende del conocimiento -el conocimiento de brahman- es un ejemplo arcaico de jnana-marga, el "camino del conocimiento", pero en la medida en que puede tener éxito sólo cuando va acompañado de la práctica de la observancia especial o voto (vrata), pertenece también al karma-marga, el "camino de la acción ritual", siendo lo principal que debe practicarse sin falta en las cinco ocasiones del nacimiento y muerte de los cinco poderes cósmicos.

Cualquiera que emprenda tal empresa de magia para obtener la supremacía sobre sus vecinos hostiles, jefes feudales rivales, quizás los propios primos (como en el Mahabharata) o hermanastros (como en el caso de la batalla constante por la supremacía cósmica entre los dioses y los demás). los anti-dioses o titanes), tendrá una tarea complicada. Lo mantendrá ocupado todo el tiempo, con el fuego, el sol saliendo y poniéndose y la luna apareciendo y desapareciendo de nuevo. Particularmente durante las tormentas, el hombre tendrá que estar alerta: la lluvia comienza y cesa y los relámpagos ahora parpadean y se desvanecen inmediatamente. Tendrá que ser rápido para murmurar sus maldiciones precisamente en el instante correcto, si quiere lanzar sus hechizos al enemigo distante con alguna esperanza de éxito. Y con todo este asunto de permanecer de pie, de no acostarse mientras el enemigo está sentado y de no adormecerse antes que el rival, el que practicaba el encantamiento debió tener el aspecto de un neurótico preso de una extraña obsesión. Sin embargo, obviamente, todo valdría la pena, si el arma secreta se deshiciera del círculo de enemigos y le abriera, Yo Evam Veda, el dominio del gobierno real supremo.

Esta es una muestra de magia Arthasastra, de una época de guerras intestinas, tan terrible como cualquier período de la historia de la India, o en realidad, cualquier período de la historia del mundo. Fue una época que terminó con la masacre mutua, el auto-exterminio, de toda la caballería india, acabando con el estilo más antiguo de la realeza feudal aria. El gran baño de sangre representado en el Mahabharata, marcó a la vez el clímax y el final de la era feudal védico-aria. En el período siguiente, que fue el de los Upanishads, el término sánscrito para "héroe", Vira, ya no se aplicó principalmente al hombre de acción, sino al santo, el sabio que se había convertido en el maestro, no de los demás, no de los reinos circundantes del mundo, sino de sí mismo[1].

---

1. En la evolución religiosa de la India, a la época de los Vedas, siguió la época de los Upanishads y posteriormente la época del budismo.

5. Brahmán

El término *Brahmán*, que en el capítulo anterior se traduce como "poder sagrado" (*brahmanah parimarah*, "el morir alrededor del poder sagrado"), ha sido desde los tiempos védicos hasta la actualidad el concepto más importante de la religión y de la filosofía hindúes. A medida que avancemos en nuestro presente estudio, el significado de *Brahmán* se abrirá y se aclarará; no es una palabra que uno pueda simplemente traducir al castellano. No obstante, podemos preparar el terreno mediante una breve investigación preliminar, conducida siguiendo las líneas que han sido muy apreciadas en la teología védica y en las ciencias hindúes posteriores, como una técnica para descubrir no sólo el significado de un término (*naman*[1]) sino también la naturaleza esencial del objeto denotado (*rupa*[2]); por una revisión, es decir, de la etimología de los vocablos en cuestión.

Tomando la frase, "*brahmanah parimarah*": la raíz "mr" o "mar", "morir", está relacionada con "mortal" y el prefijo "pari" corresponde a la palabra griega "alrededor" (es decir, perímetro, "medida alrededor", es decir, "circunferencia", "periscopio", "un instrumento para mirar alrededor"). La terminación "ah", que se agrega a la raíz, forma un sustantivo verbal. Y así leemos este término "parimarah": "el morir alrededor".

Como traducción de "*Brahman*" en el contexto anterior, la traducción del profesor *Keith*: "el poder sagrado", me parece una elección adecuada y feliz; una circunscripción del término que se ajusta muy bien al elenco especial del texto mágico. En el sustantivo "*brah-man*", "brah" es la raíz y "man" la terminación (la forma "manah", del texto, es el genitivo). Esta terminación "man" se reconocerá en "at-man", "kar-man" y "na-man"; su fuerza es la for-

---

1. Naman (Sánscrito). Nombre, título, designación.
2. Rupa (Sánscrito). Cuerpo; una forma cualquiera, aplicado aun este término a las formas de los dioses, que son subjetivas para nosotros. Forma, figura, cuerpo, imagen, aspecto exterior, apariencia, color; naturaleza, natural, carácter, condición; representación; señal; particularidad; circunstancia; belleza; idea. *Kâmarûpa:* forma causada por el deseo; *Mâyâvi-rûpa:* forma ilusoria causada por la voluntad y la imaginación de una persona que conscientemente proyecta su propio reflejo astral, como el de cualquiera otra forma.

mación de un sustantivo de acción (nomina actionis). Por ejemplo, "at-man", de la raíz "an", "respirar" (algunos creen, más bien, de "at": "ir") es el principio del respirar (o del ir), que es la vida. De manera similar, "kar-man", de la raíz "kr", "hacer", es "trabajo, acción, rito, ejecución" y "jna-man", de la raíz "jna": "saber", significa "nombre".

Ahora bien, la raíz "brah", aparece en una forma más corta y débil como "brh" y ambas formaciones aparecen en los nombres alternativos de la deidad védica *"Brhas-pati"*, también llamada *"Brahmanas-pati"*, que es el sacerdote doméstico y gurú de *Indra*[1], rey de los dioses. Así como todo rey humano tiene como gurú a un sacerdote doméstico *brahmán*, que sirve también como mago de la corte, defendiendo al rey de los demonios, las enfermedades y la magia negra de sus enemigos, mientras trabaja en contramagia a su vez, para hacer que el rey sea supremo, un maharajá; también *Indra* fue servido por este divino *"Brhaspati"*[2], el actor del papel tradicional del consejero espiritual y político del rey-dios. De hecho, fue en virtud del poder-sabiduría de *Brhaspati* que *Indra* conquistó a los antidioses o titanes (*asuras*[3]) y los mantuvo a raya en sus mansiones subterráneas.

Brhaspati es el arquetipo celestial de la casta de los *brahmanes*[4]: una

1. Indra (Sánsc.). Dios del firmamento, rey de los dioses siderales. Una divinidad védica. Llamado por otro nombre Vâsara. Indra significa: jefe, señor, soberano, etc. Es el Júpiter tonante de la India y su arma es el rayo, que empuña con su diestra; gobierna el tiempo y manda la lluvia. Engendró místicamente a Arjuna. Se le representa montado en un elefante o caballo blanco. Véase: Airâvata y Uchchaizravas en el "Glosario teosófico" ed. ELA.

2. Brihaspati [o Vrihaspati] (Sánsc.). Nombre de una divinidad y también de un Richi. Es igualmente el nombre del planeta Júpiter. Es el personificado Guru [Maestro] y sacerdote de los dioses en la India; asimismo es el símbolo del ritualismo exotérico, como opuesto al misticismo esotérico. Literalmente, "gran señor", brihat pati.

3. Asura (Sánsc.). Exotéricamente, los asuras son elementales y malos dioses -considerados maléficos; genios, espíritus malignos, demonios y "no dioses" [a-suras], enemigos de los dioses (suras), con quienes estaban en perpetua guerra-. Pero esotéricamente es lo contrario, pues en las más antiguas porciones del Rig-Veda, dicho término se aplica al Espíritu Supremo y por lo tanto los Asuras son espirituales y divinos. Únicamente en el último libro del Rig-Veda, en su última parte y en el Atharva-Veda y en los Brâhmanas, tal epíteto, que se ha aplicado a Agni, la gran divinidad védica, a Indra y a Varuna, ha venido a significar lo contrario de dioses. *Asu* significa aliento y con este aliento es como *Prajâpati* (Brahmâ) crea los Asuras. Cuando el ritualismo y el dogma llevaban ventaja a la religión de la Sabiduría, la letra inicial a era adoptada como un prefijo negativo y la palabra en cuestión acabó por significar "no un dios" y sura sólo una divinidad. Pero en los Vedas, los suras han estado siempre relacionados con Sûrya, el sol y considerados como divinidades (devas) inferiores. En su acepción primitiva y esotérica, basándose en otra etimología, asura (de asu, vida, espíritu vital o aliento (de Dios) y ra, que tiene o posee), significa un ser espiritual o divino, el Supremo Espíritu, equivalente al gran Ahura de los zoroastrianos.

4. Brahmanes: la más elevada de las cuatro castas de la India; se supone o más bien se figura ser tan elevada entre los hombres, como Brahman o Brâhman, lo ABSOLUTO de los vedantinos está elevado entre o por encima de los dioses. Sacerdote o brahmán: individuo perteneciente a la casta sacerdotal. También llamado Brâhmana.

personificación divina de la habilidad y la inventiva rituales, infalible en ingeniosos recursos, que encarna la quintaesencia misma de las facultades intelectuales altamente desarrolladas del genio hindú. Se le considera como el primero de los antepasados sacerdotales divinos de una de las dos familias sacerdotales védicas más antiguas, los *Angiras,* cuyos descendientes, en estrecha amistad con los poderes celestiales durante las edades oscuras al comienzo de los tiempos, contemplaron a los dioses en visiones y dieron expresión a sus visiones en las potentes estrofas (re -rg) del *Rig-veda.* Es por eso que el poder de sabiduría de estas estrofas, es capaz de conjurar a los dioses a ritos de sacrificio, ganando su buena voluntad y ganando su ayuda para los fines del hombre, o más bien, para los fines de la familia particular que controla el himno védico.

La terminación sánscrita "pati" de la palabra *Brhas-pati* significa "señor" (compárese con el griego "esposo, cónyuge", "helecho", "amante, reina"). Entonces, literalmente, *Brhas-pati* es "el Potente", el que tiene el poder de empuñar a "brh" o "brah". Y entonces, ¿qué es "brah"?

Como veremos, es algo que está lejos del "intelecto". "Brh", aparece como un verbo del que sólo sobrevive el participio presente, que se emplea como adjetivo: el comúnmente encontrado "brh-ant"que significa "grande". Además, hay una forma derivada (con un nasal insertado: brmh) que aparece en el verbo "brmh-ayati", "hacer brh, convertir en brh", es decir, "hacer o convertir en grande"; pues "brh" significa "crecer, aumentar" y cuando se refiere a sonidos, "rugir". "Brmhita", que, como acabamos de ver, significa "engrandecido", cuando se refiere a los sonidos denota "el rugido de un elefante", ese poderoso tronar que, ya sea enojado o triunfante, es el mayor de todos los ruidos animales.

"Brh", la palabra misma, tiene un sonido muy sonoro. "Brmhayati", en la medicina hindú clásica denota el arte de aumentar la fuerza vital de las personas débiles; el arte de engordar. El médico "engorda" (brmhayati) a los que están delgados. De manera similar, las divinidades se vuelven "brmhita" "engordadas, hinchadas, henchidas", por medio de himnos y alabanzas y los hombres, a cambio, por bendiciones.

Hay una oración pronunciada para alguien que emprende un viaje: "*Aristam vrtija panthanam mad-anudhydna-brmhita*": "Continúa por tu camino y que esté libre de obstáculos y daños. Te aumenta (*brmhita*) la fuerza de mi alma, que te acompaña en la forma de mi visión interior".

A lo que se pronuncia la respuesta: "*Tejo-rdha-brmhitah*": "Estos (enemigos) mataré, estando hinchados o aumentados, por la mitad de tu fuerza de vida ardiente".

"Brmhayati" significa "aumentar, fortalecer, reforzar, intensificar" y el sustantivo védico "barhana", de la misma raíz, denota "poder, fuerza". Así parece que, en el vocabulario védico, "brahman" correspondía exactamente a lo que el hinduismo de los siglos posteriores se denomina *Sakti*[1]: "energía, fuerza, poder, potencia".

La persona que es *"sak-ta*[2]*"* es "potente para hacer algo". *Indra*, rey de los dioses, es *"sak-ra*[3]*"*, "el poderoso", el que está dotado de fuerza" y su reina, *Indrani*, es correspondientemente *saci*, "la poderosa hembra".

El profesor *Keith*, por lo tanto, estaba siendo bastante exacto cuando eligió el término "poder sagrado" para traducir el término *brahman*, en su traducción del antiguo encanto védico.

El poder, el objetivo supremo y el instrumento de la magia, era de hecho, el elemento principal y determinante en todo el arte sacerdotal védico. Como hemos visto, el que conoce y puede valerse del poder supremo del universo, es él mismo todopoderoso.

El poder se encuentra en cada lugar y asume muchas formas, muchas manifestaciones. Permanece en el hombre, no en las estratificaciones más externas de su naturaleza, sino en el centro mismo, en el santuario más recóndito de su vida. A partir de ahí brota. Aumenta, inunda el cuerpo y el

1. Sakti o Shakti: significa "poder"; en la filosofía y la teología hindúes se entiende que es la dimensión activa de la divinidad, el poder divino que subyace a la capacidad de la divinidad para crear el mundo y mostrarse a sí misma: la Gran Madre del Universo. No hay Shiva sin Shakti, o Shakti sin Shiva. Los dos son en sí mismos como uno. Son Ser, Conciencia y Bienaventuranza. El Kundalini Yoga estudia el Kundalini Shakti o el Poder Supremo en el cuerpo humano y como, mediante su estimulación, se logra el yoga y la purificación de los Elementos del cuerpo (Bhuta-shuddhi) que tienen lugar al realizarse éste. Este Yoga se efectúa mediante un proceso técnicamente conocido como Shat-chakra-bheda o perforación de los seis Centros o Regiones (Chakra) o Lotos (Padma) del cuerpo (que la obra Shat-chakra-nirupana describe) por la intervención de Kundalini Shakti, que, para darle un nombre en inglés, aquí he llamado "Serpent Power" (El poder serpentino). Para más datos, consultar la obra de Arthur Avalon: "Los chakras y el poder serpentino" de editorial ELA.

2. Sak-ta o Shakta: persona que adora a Shakti como la esposa de Shiva. La conciencia individual está arraigada y es Shiva, mientras que el cuerpo y la mente son manifestaciones de Shakti. Los Shaktas basan sus prácticas en la adoración de Shakti, el poder cósmico que crea, sostiene y eventualmente retira el universo. Por lo tanto, el sadhana de los Shaktas está relacionada con la purificación y el uso del cuerpo, la mente y el mundo material para sintonizar con la conciencia subyacente. Creen que, a través de la manifestación de Shakti en el propio cuerpo y mente, se puede alcanzar la experiencia suprema. Mientras que los Shaivitas renuncian al mundo de los objetos, los Shaktas dicen que el mundo debe ser usado y disfrutado. El punto final es el mismo: la trascendencia. Representan a Shakti en una gran cantidad de formas, como Kali, Tara, Devi, Tripura Sundari, Bhairavi, Saraswati, Lakshmi, Durga, etc. Los Shaktas adoran todo en el mundo, ya que cada objeto desde el átomo más pequeño es una manifestación de expresión de la Shakti cósmica.

3 Sak-ra, "dotado de fuerza"; compárese con "dhi-ra", "dotado de dhi", es decir, con la virtud de dhyana, profunda meditación religiosa. Dhira significa "firme, firme de mente, fuerte, valiente, tranquilo, enérgico, sabio, profundo, agradable, gentil"; pero luego también, "perezoso, aburrido, testarudo, audaz".

cerebro del hombre. Y puede hacerse crecer, para que tome forma y estalle en la mente como una visión, o en la lengua en la forma duradera del poderoso hechizo mágico, de la potente estrofa.

La palabra "brahman" en los himnos védicos simplemente significa, en muchos casos, "esta estrofa, este verso, esta línea". Por ejemplo: "Por esta estrofa (anema brahmana) te libero de la enfermedad".

Brahman como el encantamiento o fórmula mágica sagrada, es la forma congelada y cristalizada (la forma conveniente, manejable, por así decirlo) de la más alta energía divina. Esta energía está perennemente latente en el hombre, latente, pero capaz de ser impulsada a la vigilia creativa a través de la concentración. cavilando sobre él, eclosionándolo y el sacerdote mago la pone a disposición de su mente y propósito, llevándola a cristalizar en el encantamiento. Todavía no tan cristalizado, en su estado no precipitado, líquido o etéreo, es el poderoso impulso y oleada que surge del ser inconsciente del hombre.

Brahman, en otras palabras, es aquello a través de lo cual vivimos y actuamos, la espontaneidad fundamental de nuestra naturaleza. Al igual que *Proteus*, es capaz de asumir la forma de cualquier emoción, visión, impulso o pensamiento específico. Mueve nuestra personalidad consciente, por medio de premoniciones, destellos de consejos y estallidos de deseo, pero su fuente está oculta en la profundidad, fuera de los límites de la experiencia de los sentidos y el proceso mental. *Brahman* los trasciende, por lo tanto es "trascendental" (lo que en la psicología moderna llamamos "inconsciente").

Brahman propiamente dicho es aquello que yace más allá de la esfera y del alcance de la conciencia intelectual, en la zona oscura, grande e inmensurable de altura sobre altura, profundidad sobre profundidad.

Brahman, entonces, el poder más alto, más profundo, final y trascendental que habita los niveles visibles y tangibles de nuestra naturaleza, trasciende tanto el llamado "cuerpo denso" (*sthula-sarira*) como el mundo interior de formas y experiencias: las nociones, ideas, pensamientos, emociones, visiones, fantasías, etc., del "cuerpo sutil" (*suksma-sarira*)[1].

Como el poder que transforma y anima todo en el microcosmos, así como en el mundo exterior, es el habitante divino de la bobina mortal y es idéntico al Ser (*Atman*), el aspecto superior de lo que en Occidente llamamos (indiscriminadamente) el "alma". Porque en nuestro concepto occidental del "alma", hemos mezclado, por un lado, elementos que pertenecen a la esfera

---

1. Para más datos sobre los distintos cuerpos del ser humano o "sarira" en el hinduismo, consultar las obras de Powell: "El cuerpo astral", "El doble etérico", "El cuerpo mental" y "El cuerpo causal", de editorial ELA).

mutable de la *psique* (pensamientos, emociones y elementos similares de la conciencia del yo), y por el otro, lo que está más allá, detrás o por encima de éstos: el fundamento indestructible de nuestra existencia, que es el Yo anónimo (Yo con mayúscula; de ningún modo el ego acotado), alejado de las pruebas y de la historia de la personalidad. Esta fuente invisible de vida, no debe confundirse con la materia tangible, los nervios y los órganos, los receptáculos y los vehículos del proceso vital manifiesto, que constituyen el cuerpo denso; ni con ninguna de las diversas facultades altamente individualizadas, estados de razonamiento, emociones, sentimientos o percepciones que componen el cuerpo sutil. El verdadero *Ser* (*Atman; Brahman*) está envuelto dentro de todas las estratificaciones "espirituales" y "materiales" de su cubierta perecedera y no debe confundirse con ellas.

Brahman: el poder cósmico, en el sentido supremo del término, es la esencia de todo lo que somos y sabemos. Todas las cosas han sido precipitadas maravillosamente fuera de su omnipresente omnipotencia que trasciende todo. Todas las cosas lo traen a la manifestación, pero sólo la sagrada sabiduría del mago-sabio competente merece su nombre; porque este sabio es el único ser en el universo dedicado a hacer consciente en sí mismo y conscientemente manifiesto en acción, lo que en todo lo demás está profundamente oculto.[1]

"Brhas-pati", "Brahmanas-pati", es el potente conocedor y portador de toda clase de signos e instrumentos de la sagrada sabiduría: amuletos, himnos y ritos, así como interpretaciones exegéticas y elucidaciones. En él, las aguas burbujeantes de la fuente oculta (que es el poder divino en todos nosotros) fluyen libremente, abundantemente y con una fuerza incesante. Aprovechar y vivir de esas aguas, alimentado por su fuerza inagotable, es el alfa y el omega de su función sacerdotal. Y es capaz de mantenerse en ese papel gracias a la técnica del yoga, que siempre ha acompañado, guiado y constituido una de las grandes disciplinas de la filosofía india.

Todo ser habita en el mismo borde del océano infinito de la fuerza de la vida. Todos lo llevamos dentro: la fuerza suprema, la plenitud de la sabiduría. Nunca se desconcierta y no se puede eliminar, sin embargo, está profundamente oculta. Está abajo, en la bóveda más oscura, más profunda del castillo de nuestro ser, en el pozo olvidado, en la cisterna profunda.

1. Brahman: Es el Principio Universal más elevado, la Realidad Última en el universo. No debe confundirse con Brahma (el dios hindú), Brahmana (un tipo de texto de los Vedas), el Brahmanismo (la religión) o Brahmin (la casta-varna). En las principales escuelas de filosofía hindú, es la causa material, eficiente, formal y final de todo lo que existe. Es la verdad y la felicidad omnipresente, infinita y eterna que no cambia, pero es la causa de todos los cambios. Brahman como concepto metafísico es la única unidad vinculante detrás de la diversidad en todo lo que existe en el universo.

¿Qué pasaría si lo descubriésemos de nuevo y luego viviésemos extrayendo de él incesantemente?

Ese es el pensamiento principal de la filosofía india. Y dado que todos los ejercicios espirituales indios están dedicados seriamente a este objetivo práctico, no a una mera contemplación o discusión fantasiosa de ideas elevadas y profundas, bien pueden considerarse como representantes de *uno de los ejercicios prácticos más realistas y prácticos sistemas mentales de pensamiento y entrenamiento jamás establecidos por la mente humana.*

Cómo llegar a *Brahman* y permanecer en contacto con él; cómo llegar a identificarse con *Brahman*, viviendo de él; cómo llegar a ser divino mientras aún se está en la tierra, transformado, renacido adamantino, mientras se está en el plano terrenal; esa es la búsqueda que ha inspirado y deificado el espíritu del hombre en la India a través de los siglos.

Aún así, no podemos decir que este sea un objetivo exclusivamente indio; porque se refleja en muchos mitos en todo el mundo. El antiguo héroe mesopotámico *Gilgamesh*, partió en busca del berro de la inmortalidad. El caballero artúrico *Owein,* encontró la Fuente de la Vida; *Parsifal*, el Santo Grial. Del mismo modo, *Heracles,* venció al perro-monstruo guardián del reino de la muerte y después de numerosas hazañas de valor, ascendió en la llama de la pira funeraria a un asiento de inmortalidad entre los dioses. *Jasón* y los héroes griegos de su época, en su robusto barco *Argo*, donde obtuvo el Vellocino de Oro. *Orfeo* buscó a *Eurídice,* su alma querida, con la esperanza de traerla de vuelta de entre las sombras. Y el emperador chino *Shih Huang,* envió una expedición (que nunca regresó) al vasto Mar del Este, para asegurar la Planta de la Inmortalidad de las Islas de los Bienaventurados. Dichos cuentos representan en el lenguaje pictórico universalmente conocido de la mitología, la búsqueda humana primaria, final y eterna.

La aventura continuó en la Europa medieval en los laboratorios secretos de los misteriosos alquimistas, que se ocupaban de la transmutación de la materia vil, en oro imperecedero y de la producción de la piedra filosofal, que materializaba a *Brahman*, que contenía un poder supremo sobre todos los fenómenos, que debe ser potente para cambiar todo en cualquier cosa. En todo el mundo encontramos hombres que luchan por este "summum bonum": el oro, la perla, la planta de la inmortalidad. *Maui*, el héroe embaucador de Polinesia, perdió la vida intentando ganar la inmortalidad para la humanidad zambulléndose en la garganta de su antepasada *Hinenui-te-po*. La búsqueda se ha llevado a cabo de muchas maneras y nosotros, los occidentales, lo continuamos, incluso hoy, a través de la ciencia de nuestros doctores en medicina. Lo singular de la búsqueda, tal y como se lleva a cabo en la India, es su formulación y búsqueda en términos de pensamiento. La filosofía india, por lo tanto, no contradice, sino que aclara y corrobora los símbolos mitológicos universalmente conocidos. Es una práctica disciplina mental y física para su realización en la vida a través de un despertar y un ajuste de la mente.

Sin embargo, antes de embarcarnos en nuestro estudio de las técnicas indias para esta perenne aventura humana[1], debemos tener una idea del estado general de los asuntos humanos indios. Esto se puede hacer trazando un breve bosquejo de las tres filosofías de la vida mundana de la India: las del llamado *trivarga*, las doctrinas políticas del *artha-sastra*, las psicológicas del *kama-sastra* y las éticas del *dharma-sastra*. Pues lo que los hombres tienen que transformar en esencia divina, son precisamente las vicisitudes que afligen a sus personalidades tangibles: las ataduras de sus deseos y sufrimientos, posesiones (*artha*), deleites (*kama*) y virtudes (*dharma*). Es a éstos, que son la vida misma del viejo Adán, a los que muere el héroe aventurero cuando pasa de lo conocido y familiar a lo que está más allá y debajo de él, omnipresente pero normalmente fuera de alcance. Renacimiento, liberación, significa ir más allá de lo conocido.

Uno no puede dejar de sentir que un vuelo tan sublime como el de la India, hacia el reino trascendental, nunca se habría intentado si las condiciones de vida hubieran sido un poco menos desesperadas. La liberación (moksa) puede convertirse en la principal preocupación del pensamiento, solo cuando lo que une a los seres humanos a sus existencias normales seculares, no ofrece absolutamente ninguna esperanza, representa solo deberes, cargas y obligaciones, sin proponer tareas u objetivos prometedores que estimulen y justifiquen ambiciones maduras sobre el terrenal plano de la tierra.

La propensión de la India a la búsqueda trascendental y la miseria de la historia de la India, están sin duda alguna, íntimamente relacionadas unas con otras; no deben considerarse por separado. La filosofía despiadada de la política y los logros sobrehumanos de la metafísica, representan los dos lados de una sola experiencia de vida.

---

1. Lo cual desarrolla en su obra: "La filosofía Shamkya y el yoga", editorial ELA, donde esta obra tiene su continuación y se complementa y que analiza estas filosofías de la eternidad. "Samkhya y Yoga", que se consideran en la India como gemelos, los dos aspectos de una sola disciplina. El Samkhya ofrece una exposición teórica básica de la naturaleza humana, enumerando y definiendo sus elementos, analizando su forma de cooperación en el estado de unión (bandha) y su estado de separación en la liberación (moksa). Mientras que el Yoga trata específicamente la dinámica del proceso de desenmarañado y describe las técnicas prácticas para obtener la liberación o el "aislamiento-integración" (kaivalya)".

Este es un libro de editorial *ELA*

Editorial Ela

Editorial ELA

@ela.editorial

@ela.editorial

www.libreriaargentina.com

La Librería Argentina se funda en Madrid en el año 1964, siendo la primera librería especializada en libros para el bienestar y el crecimiento personal que surge en España. Debe su nombre a que en aquellos tiempos la mayor parte de los libros de estos temas, son editados en Argentina y de allí se importaban.

Años después se crea el sello E.L.A. para seguir poniendo a disposición del público las últimas tendencia

REALIZADO E IMPRESO EN ESPAÑA

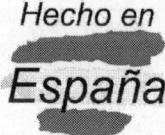

PRODUCIDO CON PAPEL DE LA C. E.

El papel utilizado para la impresión de nuestros libros, ha sido fabricado a partir de madera procedente de bosques y plantaciones gestionadas con los más altos estándares ambientales, garantizando la explotación sostenible de los recursos y la armonía con el medio ambiente, siendo esta gestión beneficiosa para el planeta y para los seres humanos y contribuyendo al cuidado de los bosques y a la reforestación mundial. Por cada árbol cortado para hacer papel, se han plantado cuatro árboles.

Otros títulos filosofía comparada de las religiones publicados en esta editorial:

A. Besant. Karma, la ley del karma.
　　　　Reencarnación.
　　　　Bhagavad Guita (colección bolsillo).
　　　　Como se vive después de la muerte.
　　　　Formas de pensamiento (ilustrado a color).
A. Besant y F. Hartman. Bagavad Gita explicado.
Alfonso, Dr. Eduardo. Atlántida. Orígenes de los pueblos de América y Europa.
　　　　Recetas sabrosas de cocina vegetariana equilibrada.
　　　　La iniciación.
A. P. Sinnet. Buddhismo Esotérico
Arthur Avalon. El poder serpentino y los chakras.
Arthur Powell. La atracción de la masonería.
　　　　El doble etérico.
　　　　El cuerpo astral.
　　　　El cuerpo mental.
　　　　El cuerpo causal.
　　　　El sistema solar.
C. H. Leadbeater. A los que lloran la muerte de un ser querido.
　　　　Buda, vida y enseñanzas.
　　　　Chakras.
　　　　Credo cristiano.
　　　　Escuelas secretas de la masonería.
　　　　Hadas, Gnomos y sílfides.
　　　　El hombre visible en invisible (ilustrado a color).
　　　　El otro lado de la muerte.
　　　　Protectores invisibles.
　　　　Relatos extraordinarios.
　　　　Sueños.
Edouard Schuré. Grandes iniciados
H. P. Blavatsky. La doctrina secreta (6 tomos).
　　　　Isis sin velo (4 tomos).
　　　　La clave de la Teosofía.
　　　　Orígenes del ritual en la Iglesia y en la masonería. La voz del silencio.
　　　　Por las rutas y selvas del Indostán.
　　　　Glosario teosófico
Henry S. Olcott. Catecismo budista.
M. Collins. Luz en el sendero.
Mario Roso de Luna. La esfinge.
　　　　El simbolismo de las religiones.
　　　　H. P. Blavatsky (biografía).

Otras obras de yoga, publicadas en esta editorial:

Swami Vivekananda
　　　　Autorealización con el yoga
　　　　Bhakti yoga
　　　　Jnana yoga
　　　　Karma yoga
　　　　Raja Yoga
　　　　El Ramayana, el Mahabarata y el Bhagavad Guita, epopeyas de la India.
　　　　Vedanta práctica
Swami Abhedananda
　　　　Amor desinteresado, Jesús a la luz del vedanta
　　　　Atma Jana

Desarrollo espiritual

La reencarnación según el Vedanta

La inmortalidad del alma según el Vedanta

Swami Sivananda

Bhagavad Guita (Bilingüe)

Caminos seguros para el éxito

Ciencia del Pranayama

Concentración y meditación

Esencia del yoga

Esencia del Vedanta

Filosofía de los sueños

Iluminación

Luz, poder y sabiduría

Pensamiento y su poder

Pensamiento y su poder (aniversario

Pensamientos sobre las 12 virtudes

Senda divina

Swami Ritajananda. *Introducción al Vedanta Advaita*

Sankara. *Viveka Chudamani (La joya suprema del discernimiento)*

Arthur Avalon. *Los chakras y el poder serpentino*

Shakti y Shakta. El tantra, sus orígenes, su doctrina y sus rituales

Alicia Souto. *Los orígenes del Hatha Yoga (Edición bilingüe comentada, traducida del sánscrito directamene)*

Heinrich Zimmer. *La filosofía Shamkya y el yoga*

Narayana. Hitopadeza. *Antiguas fábulas hindúes*

Antiguas fábulas hindúes sobre la guerra y la paz.

Norberto Tucci. *Cuentos indios de príncipes y princesas*

Cuentos y proverbios indios (ilustrados a color)

Upanishads

Pauther y G. Brunet. *Los himnos mágicos del Rig-Veda*

Rabindranath Tagore. *Sadhana. La vía espiritual*

Cuentos en la India

A. Besant. *Bhagavad Guita (colección bolsillo)*

A. Besant y F. Hartman. *Bagavad Gita explicado*

Abhaya Chaitanya. *En las horas de meditación*

Bernard, Theos. *El auténtico Hatha yoga*

Christine McArdle Oquendo. *Om Shree Om. Yoga para niños*

Gandhi, Mahatma. *Bhagavad Gita, con los comentarios y notas de Gandhi*

Las claves de la salud

Luis Jacolliot. *India, la cuna de la civilización occidental*

Ramacharaka. *Filosofía del yoga en 14 lecciones*

Hidroterapia yogui

Ramiro Calle. *Sabiduría de los grandes yoguis*

Aprende meditación

Aprende yoga fácil, rápido y seguro

Chakras, Kundalini, Kundalini yoga

Yoga mental y meditación

El Yoga y sus secretos

Yoga en casa con Ramiro Calle

Georges Strehly. *Las leyes de Manú*

Valmiki. *El Ramayana.*